INKLUSION

praktisch begründet

Sportliche Aktivierung in Werkstätten
für behinderte Menschen

Dietrich Milles   Ulrich Meseck   Joanna Wiese

IMPRESSUM

Herausgeber	Dietrich Milles
Autoren	Dietrich Milles, Ulrich Meseck, Joanna Wiese
Bilder	Joanna Wiese u. A.
Druck	Stürken Albrecht GmbH & Co. KG
ISBN	978-3-945521-03-8

INHALT:

VORWORT

Berichtet wird über anwendungsorientierte und über einen längeren Zeitraum durchgeführte Forschungen zur sportlichen Aktivierung von Menschen mit geistigen und mehrfachen Behinderungen. Das Projekt wurde von der AOK Bremen-Bremerhaven initiiert und fand praktisch im Martinshof der Werkstatt Bremen statt. Die Kooperation zwischen Universität Bremen, AOK Bremen-Bremerhaven und dem Martinshof erwies sich als fruchtbar. Sie verlangte sorgfältige Planung, Absprache, Berichterstattung und Evaluation. Es wurden intervenierende Maßnahmen im Setting vorgenommen, die Mitarbeiter, Zuständige und Verantwortliche einbezogen haben und die im Verlauf des Projektes weiter verbessert wurden. Diese Praxis erwies sich als aufwändig, aber effektiv.

Theoretisch waren die Vorarbeiten und begleitende Reflexionen interdisziplinär verankert und nahmen Impulse aus den Gesundheitswissenschaften, der Sportwissenschaft, der Pädagogik und den Sozialwissenschaften auf. Diese waren im Wesentlichen pragmatisch darauf gerichtet, zum einen die inklusive Praxis in den Werkstätten für Menschen mit Behinderungen (WfbM) zu begründen, zum anderen Reichweite und Konkretion der betrieblichen Gesundheitsförderung in diesem Setting zu klären. Der pragmatische Ansatz erwies sich als guter Zugang, weil so wichtige theoretische Schwierigkeiten beispielhaft identifiziert und verallgemeinerungsfähige Vorschläge erarbeitet werden konnten. Die unmittelbar praktische Bedeutung einer spezifischen sportlichen Aktivierung ist gesondert zusammengefasst und veröffentlicht worden.[1] Im Folgenden liegt das Schwergewicht auf der wissenschaftlichen Projektarbeit, auf der innovativen Konzeption und den analytischen Ergebnissen.

Die Zusammenarbeit in Werkstätten für behinderte Menschen (WfbM) bietet einen guten Zugang zu Inklusion und zu einem breiten Verständnis für Gesundheitsförderung. Jenseits von ‚Sonntagsreden' kann hier das Leben der Menschen verbessert werden, die „in unseren Gesellschaften … immer noch nicht als Bürger*innen und Bürger anerkannt" (Martha Nussbaum) sind. Und so kann eine unwürdige Auffassung von „Behinderung" überwunden werden.

Ausgangspunkt des Projektes waren Erfahrungen in der Vorbereitung, Organisation und Auswertung der Nationalen Spiele von Special Olympics 2010 in Bremen. Beeindruckend war die unmittelbare Freude der Athlet*innen mit geistigen Behinderungen an Bewegung, an gemeinsamen Bemühungen und an gelungenen Leistungen, auf ganz verschiedenem Niveau. Hier haben wir einerseits viele Betreuer*innen aus vielen Werkstätten kennen gelernt, andererseits auch einen wissenschaftlichen Kongress organisiert, auf dem wir erstmals die projektbezogenen Grundgedanken für sportliche Aktivierung formulierten (Milles, Meseck 2011). Eine wichtige Frage betraf seinerzeit bereits die praktische Konkretisierung von Inklusion. Unser Ansatz war, dass dieser

---

[1] Ulrich Meseck, Dietrich Milles, Joanna Wiese: Sportliche Aktivierung in Werkstätten für behinderte Menschen. Ein Handbuch für die Praxis.- Bremen 2017

Frage - über das Erlebnis besonderer Veranstaltungen mit Eventcharakter hinaus - dort nachzugehen ist, wo der Alltag dauerhafte und zielgerichtete Maßnahmen verlangt. Hier boten sich zwei Kooperationspartner von besonderem Wert an: Zum einen verwies die AOK Bremen-Bremerhaven auf die grundsätzliche Aufgabenstellung, die körperliche, geistige und soziale Entwicklung der Menschen am Arbeitsplatz zu fördern und somit betriebliche Gesundheitsförderung gerade für die Beschäftigten zu konkretisieren, die nicht einfach eigene Interessen artikulieren und einfordern können. Zum anderen war der Martinshof in der Werkstatt Bremen eine große, sportlich engagierte und innovative Einrichtung mit mehreren Produktionsstätten, in der die Zielsetzung auf Interesse und Unterstützung stieß.

Inhaltlich war die Zielsetzung bestimmt durch die Annahme, dass der Zusammenhang von praktischer Inklusion und wirkungsvoller Gesundheitsförderung besonders durch spezifische sportliche Aktivierung hergestellt werden kann. Das Projekt „Betriebliche Gesundheitsförderung durch sportliche Aktivierung in Werkstätten" [2] erarbeitete und erprobte ein Konzept,

- das praktisch sinnvolle Fähigkeiten in Arbeits- und Lebensbereichen ausbildet,

- das physische, psychische und soziale Entwicklungen auch bei Bewegung meidenden Menschen nachweisbar ermöglicht,

- das gemeinsame Lernprozesse auf der Grundlage schrittweiser verbesserter Auseinandersetzung mit Anforderungen und Aufgaben fördert,

- das individuelle Fortschritte in heterogenen Gruppen ermöglicht und organisiert,

- das die relativen Leistungen von Menschen mit Behinderungen würdigt.

In der Umsetzung der anspruchsvollen Konzeption erwies es sich zusätzlich als sinnvoll, die wissenschaftliche Begleitung als forschendes Lernen zu organisieren. Daher wurden in der Universität Seminare zum Thema angeboten und Studierende als Hilfskräfte in die Projektarbeit eingebunden, die ihrerseits in Teilaspekten an qualifizierenden Prüfungsleistungen (Modul-Prüfungsleistungen, BA- und MA-Abschlussarbeiten) arbeiteten und an den Projektsitzungen teilnehmen konnten.

Der Fortgang des Projektes wurde von einem Steuerkreis begleitet und ausführlich dokumentiert, die Effektivität wurde durch teilnehmende Beobachtung, sportmotorische Testungen und problemzentrierte Interviews festgehalten, die Ergebnisse wurden eingehend analysiert und mündeten in Handlungsempfehlungen und Qualifizierungsmaßnahmen.

---

[2] Im Projekt arbeiteten insgesamt: Matti von Harten, Daniel Rosenberg, Sesle Zielke, Joanna Wiese, Karen Lehmkuhl, Vanessa Witt, Sarah Stampe und Natasha Gladden; es wurde geleitet von Ulrich Meseck und Dietrich Milles

1. EINLEITUNG. IMPLEMENTATION DER INKLUSION

Die Ausstellung „Der (im)perfekte Mensch" 2000/01 des Deutschen Hygiene Museums (zusammen mit der „Aktion Mensch") veranschaulichte das „Recht auf Unvollkommenheit". Sie präsentierte Altäre der Perfektion und Archive der Mängel: *„Vorstellungen der Vollkommenheit können Höchstleistungen provozieren, zugleich aber auch ein aggressives Potential gegen das nicht Perfekte entfalten. Der perfekte Mensch wäre der an sein Ende gekommene Mensch. Die Wahrnehmung eigener Unvollkommenheit dagegen eröffnet die Möglichkeit zu stetiger Entwicklung."* Die Ausstellung zeigte am Beispiel Behinderter einen wichtigen Wandel des Menschenbildes (Petra Lutz u.a. Hrsg. 2003).

Die Auseinandersetzung darüber, was menschlich ist und zum Wesen des Menschen gehört, was also Menschen zusammenführt und zusammenhält, wie sich Menschliches von Unmenschlichem abgrenzt und bewertet, was oder wieviel daher als normal gesehen und verlangt werden kann, diese Auseinandersetzung hat mit der globalen Bedeutung von Inklusion eine inhaltliche und praktische Zuspitzung erfahren.

Traditionen, Wendepunkte, Brisanz

Die Sophisten erklärten in der Antike den Menschen zum Maß aller Dinge und erklärten zugleich, dass derselbe prinzipiell gehindert ist durch „Nichtwahrnehmbarkeit" und durch die Endlichkeit seines Lebens. Daher, so meinte Protagoras: *„Der Naturanlage und Übung bedarf die Lehrkunst. Von der Jugend an muß man lernen. Nicht sproß Bildung in der Seele, wenn man nicht zu vieler Tiefe kommt."* (Zit. Peter Prange 2016, S.137) Wenn über Inklusion diskutiert wird, dann im Wesentlichen in alter Tradition über die verschiedene Ausstattung der Menschen, über Lernfähigkeit und Entwicklung, über Bildungsaufträge in einer Gesellschaft der Rechte und Pflichten. Wenn diese Auseinandersetzungen und Diskussionen auch Geschichte durchziehen, so erhalten sie doch jeweils Konkretion durch Geschichte - und so Brisanz durch heutige Konstellationen. Markante Wendungen in der neueren Geschichte waren sicherlich

- der Bezug auf menschliche Natur und die so begründete Vernunftbegabung in der Aufklärung;
- die Autonomie des Bürgers gegen feudale Obrigkeit und durch vertraglichen Schutz der freien und gleichen „Brüder";

- die Einbeziehung der sozial schwachen, jedoch arbeitenden Schichten in bürgerliche Rechte;

- die Vereinnahmung gemeinschaftlicher Verantwortlichkeit durch sozialdarwinistische und rassistische Ideologie und Politik;

- die Differenzierung organisierter Zuständigkeiten;

- die inflationäre Zunahme individueller Rechte auf Basis wirtschaftlichen Wachstums und Marktorientierung;

- die Wendung des Individualismus im jugendliche Aufstand gegen verkrustete Macht, verbunden mit Bewegungen gegen Zwangsanstalten;

- die Selbsthilfebewegungen, Betonung der Prävention, subsidiäre Professionalisierung (Pflege, Public Health).

Die brisante Konstellation heute ist geprägt durch einen ökonomischen Neoliberalismus, der durch Globalisierung den Marktfundamentalismus alternativlos erscheinen lässt. Sie provoziert auch die Frage, ob der Markt alles regulieren kann und soll. Denn solidarische Sicherungssysteme brechen ein, es zeigen sich tiefere Spaltungen in den Gesellschaften und Risse im Gemeinsamen. Zugleich wachsen die gesellschaftlichen Anforderungen an die Individuen. Damit ist einerseits der einzelne Mensch mit seinen Fähigkeiten gefordert, andererseits sind individuelle Eigenheiten und egozentrische Bedürfnisse freigesetzt. Soziale Erfahrungen und Konventionen verlieren an Profil. Fragen nach Gerechtigkeit und Solidarität werden dringlicher und die Antworten werden schwieriger. Besonders am Beispiel behinderter Menschen werden die Möglichkeiten und die Hindernisse gesellschaftlichen Zusammenlebens heute deutlich: Welche gleiche und gerechte Teilhabe sollen diejenigen Menschen haben, die vergleichsweise wenig haben? Wer verhilft denen zu Einfluss, die auf dem Markt wenig zu bieten haben? Welche Teilhabe kann tatsächlich realisiert werden?

Die Frage, was ‚Inklusion' tatsächlich und praktisch bedeuten soll und bedeutet, ist nicht einfach mit Selbstbestimmung, weniger noch mit Autonomie der Menschen mit Behinderung zu beantworten.[3] Einige Fortschritte in der Sozialgeschichte und größere Sensibilität in der Öffentlichkeit sind sicherlich mit diesen Begriffen verbunden.

---

[3] „Der behindertenpolitische Kampf um Autonomie kann einmal – durchaus im positiven Sinne – als eine Geschichte der allmählichen Anerkennung gedeutet werden. Für die Forderung nach Selbstbestimmung bietet offensichtlich die neoliberale Moderne den entscheidenden Raum. Sie ermöglicht auch denjenigen, die bislang vor den Toren der bürgerlichen Gesellschaft standen, die Chance zur Individualisierung, die Freiheit des bürgerlichen Subjekts. Für behinderte Menschen beinhaltet die Verwirklichung von Selbstbestimmung tatsächlich eine nachholende Befreiung. Als Nachzügler unter den traditionell aus der Gesellschaft Ausgegrenzten (neben den Arbeitern, Frauen und ethnischen Minderheiten) können nun endlich auch sie elementare Bürgerrechte für sich beanspruchen. Gleichzeitig aber müssen sie sich vorsehen angesichts einer gesellschaftlichen Situation, die von fortgeschrittener Individualisierung geprägt ist: Die unkritische Propagierung des Autonomiekonzepts kann in der aktuellen Situation leicht dazu führen, sich in den Fallstricken des Neoliberalismus zu verheddern. Ganz allein für sich verantwortlich zu sein, ohne Anspruch auf Hilfe und Unterstützung – das ist sicherlich nicht die Freiheit, welche die Behindertenbewegung ursprünglich im Sinn hatte, als sie sich die Autonomieforderung auf die Fahnen schrieb." (Anne Waldschmidt 2004)

Doch bringen sie noch keine Klarheit und keine befriedigende Wirklichkeit. Wir befinden uns bei allem Wohlstand weiterhin in einer Geschichte, die mehr vom Aufbegehren gegen (tatsächlichem oder vermeintlichem) Unrecht und Unterdrückung geprägt ist als von menschenwürdiger Gestaltung.

Das Aufbegehren hat eine lange Tradition, formierte sich aber in den 1960er Jahren. In Europa bereitete die Anti-Psychiatrie-Bewegung von Italien aus den Boden für Selbsthilfe, in den USA die Bürgerrechts-Bewegung. Gefordert wurde eine Abkehr von Exklusion, Verwahrung und Bemächtigung. Praktisch brachten diese Bewegungen zunächst eine politische Stärkung sozialdemokratischer Positionen. Sie wandten sich gegen bürokratische und professionelle Bevormundung und stellten heraus, dass Behinderung kein persönlicher Makel, sondern eine soziale Konstruktion ist.[4] Allerdings wirkte der Contergan-Skandal zum Anfang der 1960er Jahre widersprüchlich, wie dies am Beispiel der hochrangigen „Stiftung für das behinderte Kind" deutlich wird: Zwar wurde Prävention begrüßt und begründet, zugleich aber als „Kampf" gegen Behinderung v.a. mit pränataler Diagnostik praktiziert.[5]

Allerdings verwiesen viele reformerische Vorstellungen auf pädagogische Aufgaben, die im objektiven und sozialen Interesse subjektive Autonomie fördern sollten, weil so v.a. gesundheitliche Probleme besser zu bewältigen und Public Health von individuellen Möglichkeiten und Bedürfnissen aus zu bestimmen wäre. Theoretisch mündeten diese Vorstellungen in der Konzeption von Empowerment. Normatives Gewicht erhielten sie in Deutschland 2002 mit dem Gesetz zur Gleichstellung behinderter Menschen, das explizit Selbstbestimmung anstelle von Fürsorge anstrebte.

Die großen Unklarheiten in der Praxis wurden in diesen Umbrüchen nicht kleiner. Im Grunde blieb es bei dem Dilemma der Aufklärung: Kranke oder Behinderte sind soweit lernfähig und damit autonom, soweit sie über ihren Verstand verfügen. Das bedeutete, dass geistig Behinderte aber nicht ohne weiteres als autonome Bürger anzusehen sind, weil ihnen eben diese eigenständige Handhabung vernünftiger Reflexion, Entscheidung, Überzeugung und Handlung fehle.[6] Neben der großen Hoffnung auf selbstbewusstes Leben nebst Befreiung aus einer „selbstverschuldeten Unmündigkeit" (Kant) wirkt auch die Unterordnung unter eine vorgesetzte Aufgeklärtheit, die den nicht fähigen Menschen schulmeisterlich vorschreibt, wonach sie sich zu richten hätten.

---

[4] „Aufgrund unserer gesellschaftlichen Normen und Werte sowie unserer Sozialisation wird eine sichtbare und dauerhafte Abweichung im körperlichen, geistigen oder seelischen Bereich negativ bewertet. Behinderung ist das Ergebnis eines sozialen Abwertungsprozesses, das die sozialen Teilhabechancen behinderter Menschen negativ beeinflusst." (R. Markowetz 2005)

[5] Die Stiftung für das behinderte Kind wurde am 12. Juni 1967 in Bad Godesberg gegründet. Im Kuratorium saßen viele Bundesminister, heute ist die Verteidigungsministerin die Schirmherrin. Zwar zielte die Stiftung auf die Förderung körperlich und geistig behinderter Kinder, es ging praktisch aber hauptsächlich um spezielle Früherkennung und Frühbehandlung, wobei vor allem (z.B. im Kampf gegen Alkohol) die Verhinderung von Behinderung im Mittelpunkt stand. Es wurde sogar vom „Kampf der körperlichen und geistigen Behinderung" gesprochen (Deutsche Gesundheits-Korrespondenz 1 v. 12.6.1967).

Im praktischen Detail zeigt sich dieses Dilemma heute noch, beispielsweise in ebenso ambitionierten wie naiven Bemühungen um Inklusion in Schulen. Hier wird trotz prinzipieller Bekenntnisse zwischen denen unterschieden, die der Vernunft noch zugänglich sind, und denen, bei denen man damit nicht weit kommt. So wird konstatiert, dass sich eine Zweiteilung abzeichne: *„Schulische Integration für Kinder mit Förderbedarf in den Bereichen Sprache, Verhalten und Lernen, und weiterhin Sonderformen für Kinder mit Förderbedarf in den Bereichen Geistige Entwicklung und (erhebliche) Sinnesbeeinträchtigungen. Es erscheint – mit Poscher u.a. (2008) – leicht, die erstgenannten Gruppen einzubeziehen und dementsprechend ‚schwer' bei Kindern mit kognitiven und erheblichen Sinnesbeeinträchtigungen. Für sie fehlt nicht nur empirische Forschung, sondern auch die Entwicklung von Konzepten."* (Theo Klauß 2010)

An diesem Befund hat sich – trotz der vielen Beiträge zur schulischen Inklusion - nicht viel geändert. Bis heute stehen in der Praxis die Fallen normativer Begründungen und pragmatischer Maßnahmen, klaffen die Widersprüche zwischen individueller Selbstbestimmung und sozialer Verantwortung, zwischen gesellschaftlichen Bedingungen und Erwartungen.[7]

Im Mittelpunkt steht die Schwierigkeit, traditionelle Vorstellungen von „Behinderung" zu überwinden, ohne zugleich notwendige Fördermaßnahmen zu hintergehen. So betont Reinhard Markowetz, dass es heute „keine leichte, mässige, schwere und schwerste (geistige) Behinderung als Kategorie" mehr geben sollte, sondern eine Differenzierung nach „leichten", „mäßigen", „schweren" und „schwersten" Bedarf an Assistenz und Begleitung. So würde der Blick auf die gesellschaftliche Konstruktion und auf Verantwortlichkeit zugleich gelenkt. Er ahnt jedoch, *„dass auch die Inklusion*

---

[6] Vgl. Waldschmidt a.a.O.: „Generell stehen behinderte Menschen unter Verdacht, keinen oder nur einen eingeschränkten Vernunftwillen zu haben. Dass diese Vorannahme auch heutzutage gilt, lässt sich anhand von Behinderungsdefinitionen aufweisen. Beispielsweise wurde 1981 vom Weltgesundheitsamt formuliert: „Behinderung, für welche Leistungsminderung und/oder Schädigung verursachende Faktoren sind, wird definiert als eine vorhandene Schwierigkeit, eine oder mehrere Tätigkeiten auszuüben, die in Bezug auf das Alter der Person, ihr Geschlecht und ihre soziale Rolle im allgemeinen als wesentliche Grundkomponente der täglichen Lebensführung gelten, wie etwa Sorge für sich selbst, soziale Beziehungen, wirtschaftliche Tätigkeit."(*11) In dieser Begriffsbestimmung wird die „Sorge für sich selbst" als erste Grundkomponente des täglichen Lebens genannt, bei deren Verrichtung behinderte Menschen eingeschränkt sind. Für sich selbst sorgen können, das heißt, sein Leben selbstständig zu gestalten, unabhängig zu sein, eigene Entscheidungen zu treffen und nach ihnen zu handeln, kurz, das heißt Selbstbestimmung. Offensichtlich – so lässt sich aus obiger Definition schließen – wird in unserer Gesellschaft davon ausgegangen, dass behinderte Menschen nicht zur Selbstsorge fähig sind. Sie gelten als Objekte der Fürsorge und weniger als aktiv handelnde, vernünftige Subjekte."

[7] Ebd.: "Erst der Neoliberalismus, der sich zum Ende des 20. Jahrhunderts entfaltet hat, schafft somit die Voraussetzungen für die Selbstbestimmung auch der behinderten Menschen. Gleichzeitig muss man konstatieren: In der fortgeschrittenen Moderne darf man nicht nur selbstbestimmt leben; man muss es sogar. Sie verlangt den gesunden, normalen, „flexiblen Menschen" .., der sich hektisch den Weg durch die Masse bahnt, der als „Ich-AG" das eigene Leben profitabel gestaltet und die Zwänge des Marktes bereitwillig akzeptiert. Schon längst geht es nicht mehr nur um Emanzipation, sondern auch darum, sich aus traditionalen Bindungen zu lösen, die eigene Biographie selbst zu „basteln" .. und Selbstmanagement an den Tag zu legen. Heutzutage verheißt Autonomie nicht mehr nur Befreiung, sondern ist auch zur sozialen Verpflichtung geworden – und zwar nicht nur für nichtbehinderte, sondern auch für behinderte Menschen."

rasch über den sonderpädagogischen Förderbedarf gesteuert wird und dann nicht mehr die Behinderung, sondern Art und Umfang der zu gewährenden Hilfen als Selektionsinstrument gespielt werden. Angst habe ich davor, dass schwer geistig und mehrfachbehinderte Menschen auch bei Inklusion die Verlierer sein könnten." (R. Markowetz 2005) Diese Ahnung ist begründet, doch die Angst kann gleichwohl verringert werden.

Anspruch und Verpflichtung gesellschaftlicher Teilhabe

Zunächst zur Begründung: Eine Problematik liegt in der Dichotomie von Inklusion und Exklusion, die wiederum durch Normalitätsvorstellungen stabilisiert wird. Setzt man einen Zustand oder ein Verhalten als normal, gibt es Abweichungen zu der einen wie zu der anderen Seite (ob nun links oder rechts, gut oder böse, zu reich oder zu arm, zu früh oder zu spät etc.). Die Klärung des Begriffs „Inklusion" erfolgte in abgrenzender Kritik dessen, was eben heute nach beiden Seiten unter Exklusion problematisiert wird. Das betrifft die Armen ebenso wie die Superreichen, den Hunger wie die Verschwendung, den Rollstuhl wie Amphetamine etc. Exklusion in diesem Sinn verhindert die Zulassung oder vollzieht den Ausschluss. Sie ist eine Herstellung sozialer Ungleichheit in dem Wunsch eine gesellschaftliche Basis der Gleichheit zu formieren. Ungleichheit an sich ist ebenso normal wie sinnvoll. Normalitätsvorstellungen hingegen markieren normativ jenen Bereich, an dem Ungleichheit, wie auch immer, problematisch wirkt. Normalitätsvorstellungen sind also ein Stück weit widersprüchlich, weil sie normativ auf schwierige und instabile Verständigungsprozesse in der Gesellschaft angewiesen sind, stattdessen aber ihre Wirksamkeit einfacher durch Verweis auf das erhalten, was nicht sein soll. Dadurch erweisen sie sich als effektives Instrumentarium gesellschaftlicher Macht.

Ulrich Mergner und Brigitte Caster haben eine ganze Reihe aktueller Beispiele für diese Instrumentalisierung zusammengestellt und sie verweisen damit auf die politische Problematik solcher Normalisierung, wie sie von Erving Goffman u.a. als Stigmatisierung kritisiert wurde. Allerdings tritt in diesen Analysen die notwendige gesellschaftliche Verständigung über das, was an Ungleichheit normal sein soll, in den Hintergrund. Mergner/Caster erläutern überzeugend, wie Normalitätsvorstellungen für die Teilhabe in den verschiedenen Lebensbereichen wirken, wie gesellschaftliche Regeln im Alltag vorhanden sind, wie Wertvorstellungen leiten, Geschlechter- und Generationenbeziehungen pluralisieren, geschlechtsspezifische Biographien orientieren, etc. Aber sie nehmen die gesellschaftlichen Vorgänge und kulturellen Bedeutungen weniger als historische Verständigungsprozesse wahr. Sie sehen Ergebnisse, weniger das Zustandekommen. Mergner/Caster wollen Behinderte zu Bürgern machen und begründen dann Teilhabe von der Vorstellung einer Normalität aus, die nicht alle Behinderte erreichen können. Und sie überspringen theoretisch die Phase der Entwicklung, des Erreichens, der Ausbildung der Fähigkeiten. Im Grunde wird unterstellt, dass sich Teilnahme aus der möglichen Fähigkeit zur bürgerlichen Teilhabe begründet. Und im kritischen Ansatz heißt das umgekehrt, dass eben Barrieren vor der bürgerlichen Teilhabe abgebaut und abgeschafft werden müssen. Dies kann auch ein vorgeschobenes Bemühen um Inklusion unterstützen, das sich auf alle möglichen Barrieren (und vor allem die technisch zu bearbeitenden) orientiert und die bestehenden Diskriminierungen nicht antastet.

Diese vorgeschobenen Bemühungen helfen dilatorischer Problembehandlung. In vielen zentralen Begriffen und Vorstellungen finden sich solche Widersprüche zwischen normativen Setzungen und praktischen Unmöglichkeiten. So wurde beispielsweise „Gesundheit für alle" gefordert – wobei jedem vernünftigen Menschen klar war, dass dies weder zu konkretisieren noch zu erreichen war. Und so ist es mit der Inklusion, die „auf die Gleichwertigkeit des Individuums, auf die Vielfalt in der Differenz, auf Partizipation, Anerkennung und Gerechtigkeit" aus ist, wie das Internet-Lexikon der Inklusion definiert. Da hilft auch die gegenseitige Stütze nicht, wonach *„Inklusion und Exklusion relative Begriffe sind, die jeweils ohne ihren Gegenbegriff gar nicht sinnvoll denkbar sind, (so, d.V.) wird die Notwendigkeit deutlich, Inklusion und Exklusion als unlösbaren Zusammenhang zu reflektieren"* (Dederich 2006, S.11). Geklärt werden müsste, worin denn der Zusammenhang besteht und wann bzw. warum der Zusammenhang problematisch wird. Neben praktischer dilatorischer Behandlung werden auch theoretische Unklarheiten verfestigt. Werden einfach Verwahrung und Defektorientierung als Exklusion genommen und daraus Inklusion als Abkehr abgeleitet, hilft dies theoretisch keinen Schritt weiter.

Dieser Mangel an theoretischer Präzision wird verschiedentlich beklagt und zudem dadurch erschwert, dass Exklusion an Lücken und Schwachstellen sozialstaatlicher Versorgung festgemacht wird (Böhnke 2002, S.48). Dies wiederum korrespondiert mit einem soziologischen Verständnis von sozialer Ungleichheit, die ein Herausfallen aus gesellschaftlichen Bezügen in den Mittelpunkt stellt. Sie ist stark von der Diskussion über Armut geprägt. Bemerkt wird kritisch, dass „die analytische Trennung nach Inkludierten und Exkludierten den Blick auf den Konflikt zwischen ihnen nicht verstellen darf" (ebd.). Auch die Zugehörigkeit zu einer Gesellschaft benötigt ein differenziertes Verständnis, damit die Bürger verschiedener Herkunft und verschiedener Fähigkeiten in verschiedenen und andauernden Prozessen einbezogen werden können.

Es geht demnach um die Gestaltung einer Gesellschaft, in der die inklusiven Anforderungen ebenso verankert sind, wie die exkludierenden Begrenzungen markiert sind. Diesem gesellschaftspolitischen Auftrag kann sich auch die Sorge um Menschen mit geistigen Behinderungen nicht verschließen. Forderungen nach Teilhabe und Partizipation sind nicht in der Behinderung begründet. Behinderung an sich begründet Barmherzigkeit, die der Mensch jedem in Not geratenen Mitmenschen schuldet. Teilhabe und Partizipation sind begründet in der gesellschaftlichen Lebenswelt, die nichts anderes erwartet als die sinnvolle Entwicklung vorhandener Fähigkeiten. Robert Castel weist z.B. den Begriff der Exklusion mit guten Argumenten zurück, da es nach ihm für Menschen unmöglich ist, außerhalb gesellschaftlicher Bezüge zu leben. Und er schlägt u.a. den Begriff „Entkopplung" vor, die vor allem jenen droht, die für den wirtschaftlichen Wettbewerb nicht qualifiziert sind. (Castel 2008, S.73) Diese Unterscheidung macht auf eine kontinuierliche Problematik aufmerksam, in der qualitativ zu bestimmen wäre, wann eine Entkopplung zu missbilligen ist. Im Kern kann dies nicht durch einen körperlichen, geistigen oder sozialen Status bestimmt werden. Nötig ist vielmehr aufzuzeigen, wann und warum gesellschaftliche Sorge angezeigt ist, bzw. was gesellschaftliches Handeln begründet.

Besorgtes Handeln

Ist Inklusion eine Sackgasse? Soziologische Denker haben diese Problematik über die Beschäftigung mit ‚körperlichen' Leistungen aufgegriffen und einen Weg aufgezeigt: Anselm Strauss stellt die Aussage in den Mittelpunkt, dass *„körperliche Fehlleistungen, die durch Krankheit oder einen Unfall bedingt sind, sich nicht grundlegend von ähnlichen Phänomenen unterscheiden, wie wir sie tagtäglich bei ganz ‚normalen' Leuten beobachten können."* (Strauss 1988, S.100). Damit wird nicht von einem körperlichen Zustand oder Defekt usw. ausgegangen, sondern von einer Handlung. Nicht die Kurzsichtigkeit ist das Problem, wenn der Autofahrer das Straßenschild übersieht, sondern das Vergessen der Brille, oder das Autofahren, wenn man keine Brille hat. Und Vergessen oder Riskieren gehört zu den allzu ‚normalen' Fehlleistungen. Diesen Weg, der nicht auf körperliche Merkmale, sondern auf Handlungen orientiert, hat insbesondere die sonderpädagogische Diskussion nicht eingeschlagen.

Postuliert wird stattdessen „egalitäre Gleichwertigkeit trotz extremster individueller Verschiedenheit", zusammen mit Grundrechten auf eine umfassende gesellschaftliche Teilhabe und auf lebenslange Entwicklung der Persönlichkeit. (Markowetz a.a.O.) Diese und andere „Grundwerte" erhöhen den normativen, ethischen Druck auf inklusive Praxis und erschweren zugleich diesbezügliche Handlungen derart, dass selbst das engagierte Bemühen zum Stückwerk wird und nur durch starke Selektion der Maßnahmen zustande kommt.

Auf der Grundlage von „Empowerment" wurde mit gesundheitswissenschaftlichem Bezug versucht, die Schwierigkeiten und Widersprüche zu bearbeiten. An die Stelle von diagnostizierten Mängeln und Defekten sollte die Feststellung von Förderbedarf treten. Die grundlegende praktische Konzeption kreist um den Begriff der „Assistenz", wie er vor allem von Georg Theunissen (2009, S.71ff) geprägt wurde.

Praktisch wird diese Konzeption beispielhaft in Forschungen zu Inklusion durch Bewegung und Sport, konkret in der Parole: „Durch Assistenz zu mehr Sport". Unterstellt wird dabei eine selbstverständlich sinnvolle sportliche Aktivität und gefolgert wird die Hilfestellung auf dem Weg dorthin für alle diejenigen, die der Hilfe bedürfen. Zielsetzung ist dann der Zugang zu und die Teilhabe an Bewegungs- und Sportangeboten. In Zusammenarbeit mit Sozialleistungsträger soll eine individuelle, selbstbestimmte Teilhabe an Bewegungs- und Sportangeboten und auf normativer Ebene eine präzisere Klärung erreicht werden.

Mit Assistenz wird zunächst die traditionelle Konzeption der Fürsorge überwunden und werden verschiedene Formen von Unterstützung bezeichnet. Theunissen spricht vor allem von lebenspraktischer Assistenz (praktisch helfen); dialogischer Assistenz (partnerschaftliches Gegenüber sein); advokatorischer Assistenz (übersetzen, stellvertreten); sozialintegrierender Assistenz (das Dabeisein ermöglichen); konsultativer Assistenz (beraten); facilitatorischer Assistenz (Bildungsgelegenheiten bieten); lernzielorientierter Assistenz (Lernhilfen bieten) oder intervenierender Assistenz (Grenzen erleben). Mit dieser Auffächerung ist jedoch ein Aspekt der Konzeption noch nicht klar.

Kritik wird beispielhaft an dem Begriff der intervenierenden Assistenz festgemacht. Intervenieren kann als begründete Einmischung verstanden werden, was nicht einfach mit einer Selbstbestimmung zu verbinden ist. Denn selbstbestimmt entscheiden Menschen mit Behinderungen selbst, was sie brauchen. Auch wird kritisiert, dass der verwässerte Inhalt dazu einlädt, anmaßende Intervention schönzureden. *„Alles geschieht dann vollkommen selbstlos im Interesse der betreffenden Person, auch wenn die Intervention nach einer Unterdrückung des Betroffenen aussieht. Es gibt durchaus Interventionen, welche manchmal in der Situation z.B. aus Gründen des Personalmangels unumgänglich sind, wie z.B. Fixierungen, Türen abschließen, Sedierungen etc. Hier kommt Macht zum Ausdruck, Gewalt wird angewandt. Es wird im Sinne der Allgemeinheit oder nach den Wertvorstellungen des intervenierenden Mitarbeiters gehandelt. Es hat nichts mit einer gewünschten Assistenz zu tun.“* (Carlos Escalera mit Verweis auf Ulrich Niehoff)

Da unverfängliche Assistenz im Alltag in einfachen Beziehungen praktiziert wird, gerade bei Menschen mit geistiger Behinderung jedoch persönliche und komplexe Beziehungen aufgebaut und wirksam werden, plädieren Praktiker für die Begriffe „Begleitung“ und „Unterstützung“, um ihre Tätigkeiten zu beschreiben. (Carlos Escalera im 8.Alsterdorfer Fachforum am 11.09.2003): *„Lernen und Entwicklung werden begünstigt, wenn die sich in der Entwicklung befindliche Person sich mit jemandem, zu dem sie eine starke und dauerhafte Beziehung gebildet hat, an fortschreitend komplexeren Mustern wechselseitiger Tätigkeit beteiligt und sich das Kräfteverhältnis allmählich zu ihren Gunsten verschiebt.“* (ebd.) In jedem Fall sind also Interventionen, die Menschen mit geistiger Behinderung ansprechen, in pädagogischer Beziehung und in einem didaktischen Prozess zu konkretisieren. Da hilft es wenig, statt Assistenz einfach Assistenzplanung zu fordern.

Ein ebenso einfaches wie zentrales praktisches Verständnis geht davon aus, dass Verbesserungen im Leben der Menschen mit Behinderung sinnvoll sind. Die Frage ist, welche Verbesserungen sinnvoll sind, wer darüber befindet und wer sie betreibt. Im Gegenlicht von Verwahrung und Defektorientierung wurde der Bezug auf diagnostizierbare ‚Behinderung‘ abgelehnt, zugleich aber eine Normalisierung vorgenommen. Dabei wurde behindertes Leben als „normal“ deklariert, was nicht in einem gesellschaftlichen Durchschnitt, sondern in einer „individuellen Normalität“ begründet wurde (Gaedt 1987). Zugleich wurde einerseits Normalisierung als „Beseitigung bzw. Minimierung entwicklungshemmender, also behindernder Lebensbedingungen" gefasst, zum anderen sollte der Mensch mit Behinderung selbst bestimmt, „wie, in welcher Weise, wo und mit wem er leben will", und er soll auch den Einsatz seiner zur Verfügung stehenden Ressourcen bestimmen (ebd.). Da dies oft nicht geht, wird er in der Assistenz „interpretiert". Assistenz ist daher eine „Co-Verantwortlichkeit in Form von Unterstützung und Beratung" und die Verantwortung verbleibt bei jedem Menschen, „egal ob er als geistig behindert gilt oder nicht".

Wenn postuliert wird, dass der Assistent nicht mehr eigene Ziele verfolgt, sondern dem Menschen mit Behinderung lediglich hilft, seine eigenen Ziele zu erreichen, dann fragt sich, woher diese Übereinstimmung kommen soll und wie der Austausch erfolgt: „*Und was passiert, wenn die Ziele der Klienten von Mitarbeitern aus ethischen, moralischen oder rechtlichen Gründen überhaupt nicht vertreten werden können? Was passiert, wenn auch der Mitarbeiter eigene Ziele für seinen Dialog mit dem Klienten entwickelt? Was passiert wenn der Klient keine „Ziele" hat und „nur" sein gegenwärtiges Erleben steuern möchte? Was passiert, wenn der Klient selbstverletzend agiert, um sein Erleben zu beeinflussen, der Mitarbeiter dies aber nicht zulassen darf oder will?*" (Carlos Escalera 2003)

Hier fokussiert Theunissen auf Stärken. Vorhandene Fähigkeiten von MmgB werden als Stärken interpretiert, auf die sich eine Assistenz positiv beziehen kann. Dieser Bezug überwindet einen praktischen Widerspruch zwischen postulierter Normalität und faktischer Abweichung und öffnet die Perspektive von Empowerment. Assistenz jedoch wendet sich gegen fremdbestimmte Betreuung und behauptet selbstbestimmte Unterstützung. Dies ist eine irreführende Umgehung der Tatsache, dass gerade Menschen mit geistiger Behinderung mit vorausgesetzter Selbstbestimmung überfordert sein können. Es muss nämlich im Grunde eine biologische Gabe angenommen werden, die bereits alle jene Vernunft enthält, die zur Selbstbestimmung befähigt und auf die Intervention aufgebaut werden kann. Diese biologische Grundannahme kann jedoch nicht die gesellschaftlichen Festlegungen, Normen und Konventionen, usw. einer Behinderung ersetzen. So gesehen gibt es auch keine „individuelle Normalität" einer Behinderung und keine entsprechende Selbstbestimmung. Abgesehen davon können in dieser vorausgesetzten Selbstbestimmung auch nicht die gesellschaftlichen Bedingungen beurteilt und die institutionalisierten Akteure beauftragt werden, mit denen Verbesserungen im Leben der behinderten Menschen erreicht werden sollen, von den Zielen der Verbesserungen ganz zu schweigen. Allzu leicht wird ansonsten Selbstbestimmung zur egoistischen Sichtweise und Assistenz hat keine verallgemeinerbaren Wertsetzungen.

Bei Theunissen werden Individualisierungen in den Mittelpunkt gestellt, wobei die gesellschaftlichen Institutionen in den Hintergrund treten. Letztere aber sind Mittler zwischen gesellschaftlichen Bedingungen auf der einen und persönlichem Bedarf auf der anderen Seite. Nachhaltige Bemühungen um Verbesserung geschehen in gesellschaftlichen Institutionen, in Werkstätten, mit Sozialversicherungsträgern, durch

Wohlfahrtsverbände usw. Hier können Interventionen zu wechselseitigen Lernprozessen führen; zu Prozessen und zu kulturellen Konventionen, die Entwicklungen behinderter Menschen und die Empowerment zu Verbesserungen führen. Bezogen auf Institutionen wird Inklusion zu einer Politik der machbaren Schritte.

„Dies ist genau das Problem, mit dem sich heute auch das Bildungs- und Sozialsystem im Zeichen der Inklusion konfrontiert sehen. Dieses Problem ist nicht unerheblich. Denn während die Idee der Inklusion das normative Prinzip der egalitären Differenz zur Grundlage hat und eine uneingeschränkte Wertschätzung und Akzeptanz von Differenz fordert (vgl. Prengel 1995), erlauben gesellschaftliche Funktionssysteme nur begrenzte bzw. an Bedingungen geknüpfte Inklusion. Inklusion regelt in dieser Hinsicht den Zugang bzw. Zugangsgrenzen zu gesellschaftlichen Funktionssystemen bzw. Leistungen. Das bedeutet aber auch, dass Prozesse der In- bzw. Exklusion stets im Spannungsfeld von legitimen gesellschaftlichen Erwartungen an die Individuen und fragwürdigem Normalisierungsdruck stehen. Uneingeschränkte Inklusion erscheint aus dieser Perspektive als illusorisch (vgl. Wansing 2012)." (Markus Dederich 2013)

Man muss nicht mit Georg Feuser zu dem rigiden Schluss kommen: *„Integration/ Inklusion versucht bis heute die Quadratur des Kreises und korrumpiert und deklassiert sich selbst - die Forschung eingeschlossen."* (Georg Feuser 2011) Doch die Schwierigkeiten liegen auf der Hand. Inklusion oder Integration ist ein Prozess, der gleichwertige und gleichberechtigte Teilhabe anvisiert, dies nicht durch isolierte Interventionen erreichen will, allerdings auf begrenzte Maßnahmen verwiesen wird und zugleich individuelle Entwicklungen wie verallgemeinerbare Zielsetzungen berücksichtigen muss.

Praktische gesellschaftliche Einbettung

Gesellschaftliche Aufgabenstellungen benötigen zur nachhaltigen Bearbeitung institutionelle Grundlegung. Institutionen werden als Objektivierung sozialer Erfahrung verstanden (Berger, Luckmann), mit denen soziale Beziehungen gefestigt, Leben in der Gesellschaft organisiert und menschliche Handlungen beurteilt werden. Sie ermöglichen und begrenzen Praxis in sozialen Feldern. Pierre Bourdieu hat in seiner „Theorie der Praxis" den Blick auf Erfahrungen geöffnet, die im „Habitus" verfestigt werden und soziale Ordnung reproduzieren. Erving Goffman[8] konnte das Individuelle mit bedeutsamer Interaktion an sozialen Orten verbinden, wobei Passungen im sozialen Handeln entstehen, die auch problematische, institutionell definierte soziale Arrangements hervorbringen (was besonders am Beispiel der Psychiatrie gezeigt wur-

---

[8] „Das Selbst als dargestellte Rolle ist (..) kein organisches Ding, das einen spezifischen Ort hat (...). (Der Darsteller) und sein Körper bilden nur den vorübergehen den Aufhänger für etwas gemeinsam Hergestelltes. Und die Mittel, um ein Selbst zu produzieren und zu behaupten, liegen nicht bei dem Aufhänger; in der Tat sind diese Mittel oft in den sozialen Institutionen verankert" (Goffmann 1969: 231; vgl. Ernst v. Kardorff)

de und was gerade angesichts unserer Tradition – trotz aller Einwände - gut begründet ist). In diesen Ansätzen wurde die Wende zur Praxis begründet, denn es geht insofern nicht um „Menschen und ihre Situationen, sondern um Situationen und ihre Menschen" (Goffman 1971, S. 9).

Mit diesen Ansätzen gelingt es, Individualisierung nicht auf ein Selbst zu beziehen, sondern in einem gesellschaftlichen Einfluss zu begreifen.[9] Der gesellschaftliche Einfluss ist in einem „practice turn" (Robert Schmidt) durch ein komplexeres Verständnis von Konventionen gefasst und untersucht worden. An die Stelle von Erwägungen über Autonomie und Selbst treten beobachtbare Vorgänge. Practice turn geht von der These aus, *„dass soziale Ordnungsbildung sich als öffentliches, prinzipiell beobachtbares, praktisches Geschehen vollzieht."* Dies ermöglicht auch eine Verbindung von theoretischem Ansatz und empirischer Überprüfung: *„Die praxistheoretische Perspektive knüpft in ihrer grundlegenden empirischen Orientierung in charakteristischer Weise an diese Idee* (der Bestätigung jeder wissenschaftlichen Theorie durch Sinnesdaten von Hannah Arendt, d.V.) *an. Das Soziale wird von ihr als ein Konglomerat sozialer Praktiken verstanden, die als öffentliche „Erscheinungen" begriffen werden. Praktiken setzen sich zusammen aus sinnlich wahrnehmbaren und zugleich sinnhaft konstituierten, intelligiblen sayings and doings, aus öffentlich performten Körperbewegungen und gemeinsam geteilten Objektwelten (Reckwitz 2003; Schatzki 2002). Aus dieser Öffentlichkeitsthese folgt eine für das Konzept sozialer Praktiken typische Affinität zum Beobachtbaren sowie zu den empirischen Methoden der Beobachtung."* (Schmidt 2011, S. 25)

Mit dem Bezug auf die ‚öffentliche Erscheinung' kann die praxeologische Perspektive dann zeigen, *„dass sie in der Lage ist, mit ihren analytischen Mitteln auch Ordnungsmuster zu erschließen, die über einzelne Situationen und Settings hinausgreifen".* (Ebd.) Diese Perspektive erlaubt demnach eine einfache Einbettung spezifischer Fördermaßnahmen in gesellschaftliche Begründungen und damit eine Basis für die Verständigung zwischen Menschen mit Behinderungen, die als Subjekte ihrer Entwicklung teilnehmen, und Stellvertretern in Institutionen, die eine öffentlich legitimierte Förderarbeit leisten. In dieser analytischen Grundlegung wurde spezifische sportliche Aktivierung in betriebliche Gesundheitsförderung konzipiert, die mit den praktischen Erfahrungen in den WfbM vorgeht und zugleich auf andere Settings (z.B. Schule) hinausgreift.

Mit dem praxeologischen Ansatz ist allerdings im Wesentlichen die empirische Beobachtung, nicht aber die Bewertung des Vorgangs begründet. Zugespitzt lautet die Frage, wie eingebettete Handlungen nicht einfach als beobachtbare soziale Praxis, sondern auch als Verbesserungen eben der Situation zu bestimmen sind, in der sich die Menschen mit geistiger Behinderung befinden. In dieser Fragestellung müssen Handlungen der betreffenden Menschen wie der Mitarbeiter in Werkstätten genauer betrachtet werden.

---

[9] So erscheinen auch Kontroversen in der Soziologie über Goffmann und Bourdieu vor allem mit Blick auf pragmatische Ansätze im vorliegenden Konzept nicht entscheidend.

Sinnhaftes Handeln

Handlungstheoretisch steht die subjektive Perspektive des Handelnden im Mittelpunkt (Schütz 1977). Diese subjektive Perspektive begründet psychologische Forschung, theoretisch und praktisch. Das Handlungskonzept ist zentral für psychologische Positionen. Jürgen Nitsch propagiert einen Ansatz der Handlungsregulation, der eine Höherentwicklung und Differenzierung von Kompetenz annimmt, die wiederum durch zielgerichtete Entwicklung angetrieben und geleitet wird. Dieser Ansatz ist weitgehend plausibel, kann jedoch die angesprochenen Schwierigkeiten und Widersprüche bei Menschen mit geistigen Behinderungen nicht beheben, weil zielgerichtete Kompetenzentwicklung in der subjektiven Perspektive nicht systematisch angenommen werden kann. Die subjektive Perspektive des Handelnden fasst Reichweite und Kontrolle, nicht aber die Sinnhaftigkeit (im Sinne von Verbesserung) der Handlung.

Sinnhaftigkeit erhält die Handlung durch ihre kulturelle Fassung. Gelungene Tätigkeit im sozialen Verbund wird zur gemeinsamen Erfahrung, wie mit Anforderungen der Umwelt und Möglichkeiten eigener Ressourcen erfolgreich umzugehen ist. Solche Ansammlungen symbolischer und materialisierter Bedeutung helfen dem Menschen den täglichen Ablauf zu meistern. Kultur kann so als kollektives, kommunikatives Gedächtnis verstanden werden und eine gemeinsame Identität in sozialer Abhängigkeit aufbauen. „Kultur ist die Kunst („ars", „téchne"), durch welche Gesellschaften ihr Überleben und ihre Entwicklung in einer übermächtigen Natur sichern." (Böhme, 1996, S. 53). Die gemeinsame Identität, die Pierre Bourdieu als kulturelles Kapitals bezeichnet, macht nicht gleich, sondern erlaubt die Hierarchie von Wertsetzungen und Wertschätzungen, wie sie von Max Weber in verschiedene ständische Lagen, gekennzeichnet von typischen Komponenten des Lebensschicksals mitsamt sozialem Prestige, geordnet wurden. Diese ständische Ehre zeigt sich in der jeweiligen „Lebensführung", die bestimmte Handlungen zulässt oder sanktioniert. (Christiane Schnell 2010). Hier ist die kritische Haltung gefragt, wie sie Wolfgang Jantzen einfordert.

In dieser Hierarchie stellt Kultur Merkmale bereit, die ökonomische, soziale und politische Unterschiede begründen. Somit wird gesellschaftliche Macht begründet und ausgeübt. Diese durchdringt Sozialisation und soziale Institutionen (wie Familie, Schule, Werkstatt). Diese Begründung und Stabilisation von Herrschaft macht Kultur anfällig für jene Mechanismen, die Theodor W. Adorno als „Kulturindustrie" bezeichnete und mit denen scheinbare Orientierungen vermittelt werden, die vor allem dazu dienen die Menschen zur Akzeptanz der gegebenen Ordnung zu bewegen und den Autoritäten zu gehorchen (vgl. Adorno, S. 207). Dieser ambivalente Wirkungszusammenhang verweist auf die zentrale Bedeutung kulturell verankerter Wertsetzungen, deren Sinnhaftigkeit jedoch nicht symbolisch aus der Kultur gewonnen werden kann. Entscheidend ist die Sinnhaftigkeit, die hergestellt wird.

In der Soziologie wird Handlung als Aktivität sozialer Menschen angesehen, was Beziehungen zwischen Personen, Institutionen und Umwelt einschließt und sich in physikalischen, biologischen, psychischen und sozialen Prozessen äußert. Die Reflexivität und Rückkopplung zwischen subjektivem Vorgehen und sozialer und natürlicher Umwelt findet ihr Pendant in dem Zusammenhang von Anforderungen und Aufgaben: Anforderungen, die eine unabhängige Zielsetzung enthalten, Aufgaben, die eine Überzeugung des Handelnden zumindest einschließen. Die soziologische Auffassung erlaubt es, Zielsetzungen für menschliches Handeln und kulturelle Verankerungen anzunehmen, die nicht durch Selbstbestimmung, sondern durch wahrnehmbare und verallgemeinerbare Sinnhaftigkeit begründet sind.

Zielsetzungen, über die aufgrund menschlicher Wahrnehmung und Erfahrung eine Verständigung möglich ist, schließen eine Orientierung auf „Vollkommenheit" aus. Damit ist das anfangs angesprochene Menschenbild ausgeschlossen, das den ‚perfekten' Menschen zum Maß macht und damit die Möglichkeit stetiger, wechselhafter Entwicklung untergräbt. Auch die überkommenen religiösen Vorstellungen, in denen die Fähigkeiten des Menschen aus einem „Ebenbild Gottes" begründet wurden, und nach denen der Mensch zum Göttlichen, nach Gottähnlichkeit streben soll, können eine menschliche Zielsetzung nicht bestimmen, weil der Mensch selbst ein solches Ziel vielleicht behaupten oder glauben, aber nicht aber vernünftig und für andere Menschen klären kann.

Auch die Akkumulation alles dessen, was menschliche Wahrnehmungs- und Vernunftfähigkeit feststellt und zu ästhetischer Vollkommenheit komprimiert, offenbart – ganz entgegen der Hoffnung auf gesammeltes Wissen in der Aufklärung – nicht die Gesamtheit des Wahren, Guten und Schönen. Die Grundlage des eigenen menschlichen Urteils bleibt instabil und seine Zielsetzung bleibt eine Lehre von und für Menschen. Und: „*Der Mensch ist ein riskantes Lebewesen, das sich selbst misslingen kann. [...] Der Mensch ist die verkörperte Unwahrscheinlichkeit. Er ist das Tier, das trotzdem lebt.*" (Hans Blumenberg, zit. Stefan Degenkolbe in: literaturkritik.de 2007)

Doch diese „Unwahrscheinlichkeit" kann auch als Emergenz verschiedener Entwicklungen verstanden werden. Der nomadisch lebende Mensch musste sich erheben und räumlich und zeitlich entfernte Vorgänge erfassen, konnte so frühzeitig gemeinsam agieren und „auf Abwesendes ... referieren" (Hans Blumenberg), konnte so sich in der Prävention ausrichten und verständigen, die eigenen vergleichsweise mangelhaften Fähigkeiten effektiv ausbilden. Vor allem konnte er in den Vorgängen, dem Abwesenden, der Zukunft und Vergangenheit eine reflektierte Erfahrung abgewinnen und weitergeben, sich verständigen. Vor allem entwickelte er „Lernfähigkeit" und Emotionalität (Wolfgang Welsch). Dieses Bild nimmt den Menschen nicht als Mängelwesen im Sinne Gehlens, der damit eine Art „schutzlose Bedürftigkeit" annahm, sondern in seiner Fähigkeit der Auseinandersetzung als Fähigkeit zur Entwicklung. Das Unvollkommene ist so kein Vorwurf, sondern begründet einen grundsätzlichen „Weg zur Beförderung der Humanität" (Hans-Georg Gadamer). Dieser Weg zur Beförderung der Humanität kann auch die kulturelle Verständigung leiten.

Wege der Humanität

Auf diesem Weg gibt es die Auseinandersetzung mit Mangel und möglicher Kompensation, mit Hoffnung und möglicher Näherung, mit Rückschlägen und möglichem Gelingen. Der Weg ist zu bestimmen und zu gehen, es ist ein praktischer Weg. Gunter Gebauer geht von Lebensbedingungen aus und wendet sich gegen den Horizont einer Vollkommenheit und Ewigkeit. Verständigung und Veränderung in der Lebenswelt sind Kern des Menschenbildes. Dazu gehört der weitergehende Blick, der auch Vorhandenes durch Reflexion des Nichtvorhandenen ausmacht; dazu gehört die Berücksichtigung zukünftiger Möglichkeiten Berücksichtigung; dazu gehört nicht zuletzt die Ausrichtung nach bewerteter Erfahrung. Folgende Stationen können diesen Weg markieren:

- Wahrnehmung auf Abwesendes

- Verständigung auf präventives Handeln

- Handeln in Verständigung auf Fortschritt [10]

- Fortschritt in Verständigung auf Verbesserung

- Verbesserung in Verständigung auf Förderung der Humanität

Doch auch mit einem solchen Menschenbild und einer solchen Zielvorstellung kann praktisch die Problematik auftauchen, dass Sinnhaftigkeit nicht in der Angelegenheit selbst ausreichend wahrgenommen und nur unter Zwang verfolgt wird. Die Förderung der Humanität kann nicht aufgezwungen werden, sie würde denn sich selbst widersprechen. Gesucht werden also solche Schritte auf dem Weg, die leicht wahrzunehmen, in stetiger Entwicklung selbstverständlich zu verfolgen und mit einfacher Freude zu implementieren sind. Hierfür gibt es in der menschlichen Erfahrung zwei herausragende Beispiele: zum einen Arbeitsaufgaben, zum anderen Bewegung, Spiel und Sport.

Arbeit, vor allem in jenem emphatischen Handwerk, das Richard Sennett beschreibt, zielt auf einen Vorgang, in dem Aktive die Anforderungen und Aufgaben übergeordnet im Arbeitsprozess ausmachen und die Arbeitsleistung beurteilen können. Sie können so sich selbst in eigener Bedeutung in dem Vorgang spiegeln, Bedeutung festmachen und Lernprozesse angehen. Diese Arbeitszusammenhänge erlauben es den Arbeitenden, ihren Beitrag in einem übergeordneten betrieblichen Prozess zu verste-

---

[10] „... müssen wir dem Begriff Fortschritt heute einen restriktiveren, einen bescheideneren Sinn geben. Wir müssen ihn als B-Fortschritt und nur als solchen verstehen, d.h. als einen Fortschritt, dessen wesentlicher Zweck, nämlich der Mensch, schon realisiert ist, so daß es sich immer nur um die Begünstigung der wesensgemäßen Entfaltung von Menschen unter wechselnden Umständen handelt." (Robert Spaemann: Philosophische Essays.-Stuttgart: Reclam, 1983, S.144)

hen und als sinnvoll zu bewerten. Die Strukturierung und Organisation der Arbeit nach Arbeitsaufgaben begründet das Konzept der ein Zusammenhangsverständnis vermittelnden Arbeit und führen zu dem Leitbild der vollständigen Arbeitshandlung (Rauner 2008, S. 90).

Dieser Bezug auf sinnvolle, produktive Arbeit liegt der Einrichtung von Werkstätten für Menschen mit Behinderungen zugrunde. Das Selbstverständnis der Werkstatt Bremen beispielsweise ist es, *„Menschen in ihrer beruflichen und persönlichen Entwicklung hinsichtlich einer gleichberechtigten Teilhabe am Leben der Gemeinschaft zu fördern und zu begleiten – und dies unabhängig von Art und Schwere der Behinderung, Geschlecht, Herkunft oder sonstigen Unterschieden".* In langer Erfahrung werden in solchen Werkstätten grundlegende Lernprozesse und Fähigkeiten der Lebensbewältigung durch produktive Arbeit vermittelt. Festgehalten im §136 des Sozialgesetzbuchs IX und in der Werkstättenverordnung (WVO) wird das Ziel, Menschen mit Behinderungen ins Arbeitsleben einzugliedern, ihnen die Möglichkeit zu bieten, ihre Leistungs- oder Erwerbsfähigkeit zu erhalten, zu entwickeln, zu erhöhen oder wiederzugewinnen, dabei ihre Persönlichkeit weiterzuentwickeln. Der Übergang auf den allgemeinen Arbeitsmarkt markiert den Anschluss an gesellschaftliche Normalitätsvorstellungen. Warum spielt „Arbeit" eine so große Rolle?

Richard Sennett verweist auf „ein dauerhaftes menschliches Grundbestreben: den Wunsch eine Arbeit um ihrer selbst willen gut zu machen." (2014, S.19) Er veranschaulicht beispielhaft handwerkliches Können, das „auf objektive Maßstäbe, auf die Dinge als solche" (ebd.) konzentriert, als eine solche vollständige Arbeitshandlung. Und er stellt dabei den notwendigen Zusammenhang von körperlichen und geistigen Anstrengungen und Entwicklungen fest. Ihm geht es insgesamt um die Verankerung von zielgerichteten Handlungen in der materiellen Realität. So ist verallgemeinerbar in dem Ausbau handwerklicher Tätigkeiten ein Lernprozess (vom Novizen bis zum Experten) enthalten, der von der Planung als Skizze ausgeht und mit Erfahrungen konkreter und komplexer wird, in dem der Bezug zur Umgebung hergestellt, Perfektionismus vermieden und in der Arbeit auftretende Probleme als Chance gesehen werden. Der wechselseitige Zusammenhang von praktischem Lernprozess und persönlichem Entwicklungsprozess wird sinnvoll und motivierend: *„Der Bildungsprozess eines Menschen – seine frühen Lernprozesse und seine soziale Indoktrination – legt das Fundament für eine motivierte, lebenslange Tätigkeit."* (ebd. S.351) So fügt der arbeitende Mensch „seinem Leben stetig neuen Wert hinzu" (ebd.).

Sennett verschweigt auch nicht die Spannungen und Schwierigkeiten, die in der modernen Welt diesen Zusammenhang traktieren. Vielmehr könnte im übertragenen Sinn argumentiert werden, dass Menschen mit Behinderungen der Gesellschaft einen Spiegel vorhalten, so dass die Annahmen und Lebensweise nicht mehr so selbstverständlich erscheinen und dass in dieser Infragestellung die große Chance besteht, Inklusion praktisch zu gestalten.

Produktive Arbeit orientiert auf gesellschaftlich erwünschte Entwicklungs- und Lernprozesse. Diese Orientierung begründet solche Interventionen und Förderungen, die für Menschen mit Behinderungen sinnvoll sind, auch wenn sie dies nicht autonom erkennen und betreiben.

Das zweite herausragende Beispiel für Aktivierung ist **Spiel**. Vor allem Bewegungsspiele können sportlich angereichert werden, ohne gleich als Vorbereitung für Sportarten angesehen zu werden. In einem allgemeinen Sinn bezeichnet Georg Wydra (1992) „die sportliche Handlung allgemein als ein Modell menschlichen Handelns". Besonders in der Rücksicht auf Gesundheit sieht er die Pfeiler des Modells in den Beziehungen, die durch sportliche Aktivierung hergestellt werden zwischen: Organismus und Umwelt; Mensch und Objekt; Persönlichkeit und Gesellschaft; Einfluss und Ökologie (Wydra 2007). Diese Beziehungen können in einem Geflecht zusammengefasst werden:

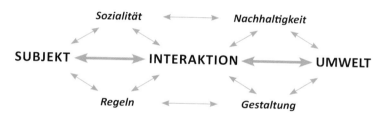

Abb.1: Beziehung zwischen Subjekt und Umwelt

Beziehungen sind in der Interaktion vom Subjekt erfahrbar und haben zugleich materiell in der Umwelt verankerte Zielsetzungen. Diese Beziehungen haben eine innere Dynamik, die mit der physischen, psychischen und sozialen Entwicklung der Menschen verbunden ist. Sie verlangen im sozialen Zusammenleben die Aufstellung und Befolgung von Regeln und sie sind auf eine Zukunft orientiert, die nachhaltig zu gestalten ist. Diese Beziehungen sind nicht angeboren, sie werden im alltäglichen Lernprozess vermittelt. Ein einfaches und grundlegendes Muster dieses Vorgangs im Lebensverlauf ist das Spiel. Das Spiel hat nach Günter Hagedorn den Anspruch *„Gegensätzliches zu vereinen und auf diese Weise zu ‚wirken'. Denn spielend vereinigt der Spieler Außen (Umwelt) und Innen (Person), löst er Widersprüche in seinem eigenen Inneren, verbindet er mit dem freien Experiment die Erfahrung der Wiederholbarkeit, bezieht er weitgehend unbewußt das wirkliche Leben ins Spiel, das Spiel ins Leben mit ein, macht er für sich und für andere durch Regeln die Grenzen des Zufälligen, durch kreative Neuerung die Grenzen der Regeln die Grenzen des Zufälligen, durch kreative Neuerung die Grenzen der Regeln erfahrbar. Und alles ‚im Schweiße spielerischer Lust'."* (Hagedorn 1987, S.23)

Anders als Johan Huizinga betont Hagedorn die Verknüpfung der spielerischen Aktivität mit dem wirklichen Leben und hält „*die Deutung des Spielens und des Spiels als einen Freiraum, fern der Lebenswirklichkeit, für grundsätzlich verfehlt*" (ebd.). Mit dem erfahrbaren Realitätsbezug in der spielerischen Aktivierung können individuelle Perspektiven mit objektivierbaren Entwicklungsaufgaben verbunden und eine übergeordnete Zielsetzung begründet werden. Wichtige Handlungsorientierungen können ausgebildet werden: auf Verbesserung der Wahrnehmungsfähigkeit, Erweiterung der Bewegungserfahrungen, Gestaltung von Körpersprache und Bewegungsformen, auf Wagen und Verantworten, Leistungen erfahren und reflektieren, gemeinsames Handeln, sich in der Leistung vergleichen und sich verständigen, die Fitness verbessern und Gesundheitsbewusstsein entwickeln.

Alle diese Bildungsprozesse entsprechen den Zielsetzungen, wie sie im Sozialgesetzbuch XI für die Förderung der Teilhabe am Arbeitsleben vorgesehen sind: es geht darum, behinderten Menschen eine angemessene und geeignete Beschäftigung oder eine selbständige Tätigkeit zu ermöglichen und zu erhalten (§33 SGB IX), was u.a. ein Training lebenspraktischer Fähigkeiten und auch ergänzende Anstrengungen im Rehabilitationssport einschließt. Was sinnvoll und möglich ist, kann hierbei in dem Zusammenwirken von Voraussetzungen und Möglichkeiten der Entwicklung festgestellt und zusammen mit dem Menschen mit Behinderung umgesetzt werden.

Hagedorn macht darauf aufmerksam, dass auch für Bewegungsspiele bestimmte Voraussetzungen vorhanden sein müssen. Zunächst ist da eine allgemeine „Spielfähigkeit". Darunter versteht er vor allem eine soziomotorische Fähigkeit, eine ausbaufähige Wahrnehmung, ansprechbare Grundbefindlichkeit, eine gewisse Offenheit und Neugier und ein Einlassen auf eine ‚Spielwelt' (ebd., S.185). Ist diese Spielfähigkeit praktisch aufzugreifen und zu entwickeln, sind die angesprochenen Zielsetzungen zu etablieren und zu verfolgen. Das bedeutet für Menschen mit geistigen Behinderungen, dass dieser inklusive Weg nicht einfach jedem zugesprochen werden kann. Die Erfahrung ist, dass es Menschen gibt, die der Bewegung so fern stehen, dass sie der Aktivierung über Bewegung, Spiel und Sport nicht zugänglich sind. Deren gesellschaftlichen Rechte und Pflichten müssen anders[11], eben nicht bezogen auf eine subjektive Entwicklung in gesellschaftlicher Begründung, bestimmt werden.

Verständigung auf inklusive Sorge

Unter bestimmten Voraussetzungen bieten Arbeit und Spiel sinnhafte Aktivierungen, die leicht wahrzunehmen und mit einfacher Freude zu implementieren sind. Sie behal-

---

[11] Hier greift das, was an „Barmherzigkeit" im thematischen Zusammenhang sinnvoll ist. Nicht alles, was unter diesem Begriff aktuell diskutiert wird, soll so angesprochen werden. Vor allem die religiösen Dispute über eine im Glauben begründete Hinwendung zum Mitmenschen können praktisch übergangen werden, wenn die Hinwendung tatsächlich erfolgt.

ten den Ausgangspunkt im Subjekt, bauen auf basale Fähigkeiten und motivieren in der Auseinandersetzung zu materieller und sozialer Umwelt. Sie setzen nicht Autonomie voraus. Sie begründen objektivierbare Zielsetzung aus sozialer Wirklichkeit. Sie sind in Konventionen und Regeln verankert und spezifisch, didaktisch anzustreben. Sie lösen das Problem, das in einfacher und aufgefächerter Assistenz aufgeworfen wird, wie nämlich intervenierende Förderung für solche Menschen implementiert werden kann, die nicht autonom Ziele setzen können, wobei diese Förderung aber nicht ohne und gegen dieselben geschehen soll.

Die Werkstatt für behinderte Menschen mitsamt ihrer produktiven Ausrichtung und ihren Angeboten für Bewegung, Spiel und Sport ist ein spannendes, beispielhaftes Feld der Inklusion. Zu klären ist allerdings, wie die Intervention selbst zugleich individuell zugeschnitten und gesellschaftlich ausgeformt werden kann.

Einen interessanten Ansatz bietet Niklas Luhmann in seiner Definition der Erziehung als „die Änderung von Personen durch darauf spezialisierte Kommunikation." (Luhmann 2006, S.7) Erziehung wird im Unterschied zur Sozialisation als „absichtsvoll herbeigeführte, als Verbesserung gemeinte Veränderung psychischer Systeme" (ebd.) verstanden. Hierfür fehlen strukturierte, anerkannte Zusammenhänge, die das Feld für die Veränderungen als Verbesserungen markieren. Hier fragt Luhmann nach dem Medium, grundlegend nach dem allgemeinen Sinn. Wichtiger als die systemtheoretischen Erwägungen über Medium und Form ist im vorliegenden thematischen Zusammenhang, dass er ,Kind' als sinnhafte Erfindung versteht, damit über Erziehung kommuniziert werden kann. Das ,Kind' wird als reale organische Einheit angenommen, das zugleich beobachtet und über das gesprochen werden kann. Vor allem können Unterscheidungen zu Erwachsenen getroffen und Sozialisation betrieben werden. Das Kind bleibt als autopoietisches System intransparent, wird aber nicht durch angeborene Ideen bestimmt und zur Perfektionierung eigener Anlagen verdammt. Der ,Mensch' kann vielmehr „gemacht" werden. Wichtig ist also, nicht das Kind zu betrachten, sondern den Beobachter. Nicht von den Eigenheiten und Besonderheiten eines Kindes (oder eines ,Behinderten') aus sind Zielsetzungen der Entwicklung zu bestimmen, sondern von der erzieherischen Aufgabe. Die Lernprozesse sind zu gestalten, nicht das Kind. *„Das Kind ist… ein Medium nur im System der Erziehung, und die Veränderungen der Konzeption dieses Mediums erklären sich deshalb durch die Ausdifferenzierung eines gesellschaftlichen Funktionssystems für Erziehung."* (Ebd., S.40)

Die soziale Konstruktion erlaubt die Verständigung über das ,Medium Kind', über dessen Beobachtung und die notwendigen kleinen Schritte seiner Entwicklung. Sie erlaubt auch die Selbstfindung des Kindes, das seinerseits die Welt der Erwachsenen beobachtet, die Unterschiede als Entwicklungsaufgabe wahrnimmt und gesellschaftlich verlangte „Zuverlässigkeit" entwickelt. Dies ist ein Prozess, der wechselseitigen Reflexivität und Ausrichtung. *„Alles Gelernte muß im weiteren Leben revidiert werden. Die Vorstellung kumulierbaren Wissens verdeckt diesen Sachverhalt, verdeckt die psychische Komplexität des Vorgangs und damit auch das, was zur Motivation* *und Demotivation weiteren Lernens beitragen könnte. Aber eben dieses Abdecken von zuviel Information wird mit der Semantik des Kindes erreicht, und das ermöglicht dem Erzieher die Vorstellung, auf Zuwachs hin zu arbeiten."* (Ebd., S.45) Entscheidend ist demnach schließlich nicht ein „Herüberkommen des Stoffes in die Köpfe der Kinder", sondern „die Entwicklung von Lernfähigkeit." (Ebd., S.60) Und damit ergibt sich insgesamt auch die Möglichkeit, die Formen der Vermittlung an den Lernmöglichkeiten auszurichten, also machbare individuelle Schritte in gesellschaftlicher Einbettung vorzunehmen.

Wird die Entwicklung der Lernfähigkeit als der eigentliche Sinn der sozialen Konstruktion ‚Kind' gesehen, so leuchtet ein, dass in dem ‚Medium' sowohl eine große Hoffnung als auch eine soziale Verpflichtung zu finden ist. Letzteres kommt in dem Attribut „kindisch" oder dem Befund „Infantilismus" oder „Puerilismus" zum Ausdruck. Dies legt eine analoge Argumentation nahe: Der Mensch mit Behinderung ist nicht durch körperliche, geistige oder soziale Eigenschaften an sich geprägt, sondern durch eine spezifische gesellschaftliche Sorge. Das wohlfahrtsstaatliche „Funktionssystem" im Umgang mit denen, denen Sorge zukommen soll, prägt die Behinderung. Inklusion ist daher eine Aufforderung zur permanenten Revision dieses Systems. Insofern sind die Wendungen gegen Verwahrung und Defektorientierung wichtig und notwendig. Das Medium „Menschen mit Behinderungen" verlangt dauerhaft danach, machbare Schritte der persönlichen Entwicklung in gesellschaftlicher Einbettung zu bestimmen und zu fördern.

Inklusive Intervention in diesem Sinn nimmt „Menschen mit Behinderungen" also nicht als autonom und selbstbestimmt. Sie orientiert auf Lernfähigkeit, die für die Entwicklung der Menschen mit geistigen Behinderungen in der gesellschaftlichen Realität sinnvoll ist. Die Lernfähigkeit bezieht ihre Zielsetzung aus den gesellschaftlichen Bedingungen und Konventionen, bleibt jedoch eine subjektive Leistung. Sie schließt die kritische, reflexive Auseinandersetzung mit diesen Bedingungen und Konventionen nicht aus, sondern fördert sie. Sie ermöglicht die didaktische Konkretion der Entwicklungsmöglichkeiten. Sie verbindet die objektivierbaren Entwicklungsschritte mit der Ausprägung selbstbestimmter Teilnahme. Sie differenziert und verbindet die Anforderungen und Aufgaben der eigenen Entwicklung mit denen der Intervention. Sie ermöglicht eine spezifische Klärung, wie Gesundheit für Menschen mit geistiger Behinderung in Werkstätten wirkungsvoll gefördert werden kann.

2. DIE BEDEUTUNG SPEZIFISCHER SPORTLICHER AKTIVIERUNG FÜR DIE FÖRDERUNG VON MENSCHEN MIT BEHINDERUNGEN

Das Besondere, das mit der Zusammenarbeit einhergeht, die wir bei Menschen mit geistiger Behinderung erlebt haben, besteht darin, eine statisch-biologische Auffassung von „Behinderung" zu überwinden und ein breites Verständnis für Gesundheitsförderung zu bekommen. Traditionelle Auffassungen sind biologisch, weil und soweit sie auf physiologische Funktionsfähigkeit rekurrieren und Defekte beurteilen. Das hierauf basierende Verständnis von Gesundheitsförderung konzentriert auf Rehabilitation, also auf eine Wiederherstellung an sich vorhandener Gesundheit.

Die statisch-biologische Auffassung von Behinderung hat eine starke historische Verankerung. Sie basiert in der Erfahrung gemeinsamer Anstrengungen, sei es in der Abwehr von Gefahren oder in dem Gelingen eines Werkes, wobei diejenigen, die deutlich weniger leisten als andere, den möglichen Vorgang insgesamt behindern. Sie sind eine Schwachstelle im Engagement, die von anderen ausgefüllt oder abgesichert werden muss, und sie stellen den Erfolg in Frage. Im alltäglichen Zusammenleben erfahren Menschen mit (geistiger) Behinderung diesen Vorbehalt. Er ist in der jüngeren deutschen Vergangenheit bis hin zu der Vorstellung von „Ballastexistenzen" und „minderwertigem Leben" pervertiert worden. Wichtig ist es unseres Erachtens, diese Erfahrungen weder seitens der Menschen mit geistiger Behinderung noch der Mitmenschen zu leugnen. Die Logik: „das sind doch auch Menschen", ist beschämend für beide Seiten, wird doch die Abwertung impliziert und die Anerkennung zur reinen Wohltätigkeit. Und diese Logik unterstützt verschämt eine Ordnung der sich ziemlich gleich und normal Dünkenden, die sich gegen Andere, die noch Schlechteren und Sündenböcke, abgrenzen.

Es gibt eine längere Auseinandersetzung in der Anthropologie, Ethnologie und Soziologie über diesen Aspekt im menschlichen Leben und diese Auseinandersetzung wird seit der Antike über die Sklavenhalter bis zu den neuen patriotischen Europäern oder den illusionistisch enttäuschten US-Wählern immer wieder befeuert. Die Auseinandersetzung hat einen Kern in dem schwierigen sozialen Austausch ungleicher Menschen und gerät mit einem sozialen Missverständnis in schlimmes Fahrwasser. Das Missverständnis, den eigenen Zustand gegen Mitmenschen abzusichern, obwohl man aufeinander angewiesen ist. Wesentliches Merkmal dieses Missverständnisses besteht in der Ausblendung oder der Angst vor Entwicklung. Aber das Leben läuft nicht nur in der Zeit sondern vor allem in der Entwicklung ab. Das Missverständnis verdrängt die Entwicklung und hält sich an ein Ergebnis. In Wirklichkeit aber ist Veränderung die grundsätzliche Herausforderung. Die Umwelt verändert sich, der eigene Körper, der Geist und das Zusammenleben. Da ist keine Endgültigkeit und keine Vollkommenheit. Da ist nur die Auseinandersetzung mit der Veränderung und der Unvollkommenheit.

Die Auseinandersetzung mit der eigenen Unvollkommenheit, mit dem „organologischen Dilettantismus des Menschen" (Max Scheler) hat die Entwicklung des Menschen entscheidend gefördert und zeichnet diese Species aus. Sie ist die Grundlage für ein breites Verständnis der Gesundheitsförderung und sie ist nicht darauf fixiert, Krankheiten zu besiegen oder Defekte zu reparieren. Diese Auseinandersetzung mit der eigenen Unvollkommenheit kann für Menschen mit geistiger Behinderung untereinander selbstverständlich, selbstverständlicher und unproblematischer als für andere sein, die sich (bereits) für mehr oder weniger vollkommen halten und auf die Erfahrung prallen, dass dem nicht so ist (und was sie oftmals gar nicht wahrnehmen wollen).

Was mit Menschen, die als geistig behindert gelten, zu erleben ist, beruht auf der Freude über die kleinen Schritte. Die kleinen Schritte werden selbst bewältigt, und das passiert durch Abschauen und Nachmachen, durch Hilfen und Nachfragen, Antizipation und Übung, also Miteinander. Und diese Freude ist keine Schadenfreude, selbst wenn über die Fehler gelacht wird. Da ist keine Messlatte, die zu überqueren ist, damit jemand „dazu gehört". Das Miteinander bedeutet sich von Abhängigkeiten zu lösen, miteinander und voneinander zu lernen, Anforderungen zu bewältigen, sich zu freuen über jeden kleinen Schritt in der Auseinandersetzung mit der eigenen Unvollkommenheit.

Da gibt es auch alle Abstufungen, in denen Selbstbilder und Fremdbilder anecken. Aber da gibt es eine viel unmittelbarere Freude des Zusammenwirkens. Der Vergleich mit den Mitmenschen, seien es die Eltern oder die Peergroup, ist meistens nicht dazu da, eine Überlegenheit im Status festzustellen, sondern anderweitige Kompetenz zu nutzen. Solche Zusammenarbeit ist in einem wahren Sinn sozial. Da ist selten ein eigenes Verständnis von Überlegenheit und Macht oder von „Behinderung", das exkludiert und abwertet. Menschen mit geistiger Behinderung haben in der Regel kein Problem mit ihrer Unterschiedlichkeit, weil sie sich zusammen stärken. Dieser Aspekt in der Arbeit mit ihnen verweist darauf, dass die Sozialität der Individualität vorangeht. Die soziale Bindung ist das Primäre, man kann sich unmöglich in der Isolation zum starken Individuum entwickeln (R. Sennett 2015, S.28). Behinderte sind keine Helden.

Und doch nutzen auch sie jene Möglichkeiten, in denen alle Kinder Individualität und Sozialität entwicklungsfördernd verbinden und in denen man unproblematisch ein Held sein kann: Das Spiel. Huizinga hat das Spiel als freie Aktivität[12] zusammengefasst (und dabei die Absonderung sicherlich zu stark gewichtet). Es wird in jedem Fall doch ernsthaft betrieben und beruht auf Gemeinsamkeit. Es hat eine eigene Wirklichkeit und ist etwas Versuchtes und Dargestelltes, man kann es erleben, erfahren, man kann zeigen und lernen. „Seine Funktion ist nicht lediglich ein Nachahmen sondern ein Anteilgeben oder Teilnehmen. Es ist ein ‚helping the action out'." (Huizinga 1956, S.22). Die guten Erfahrungen zur Motivation, die wir in der Arbeit mit Menschen mit geistiger Behinderung gemacht haben, beruhen im Kern auf der Bedeutung des Bewegungsspiels in der Entwicklung.

---

[12] Huizinga (1956: 20) spricht hier von „Handlung". Dieser Begriff ist u.E. besser und genauer im Lichte der Handlungstheorie zu fassen. Der Begriff „Aktivierung" erscheint vorgelagert und zwar allgemeiner, aber auch -im Unterschied z.B. zu „Bewegung" – gerichteter.

Die eindrucksvolle Erfahrung in der Zusammenarbeit betrifft zum einen die durchgängig spürbare, willkommene Orientierung auf Entwicklung, zum anderen die einfache Betonung des sozialen Zusammenwirkens. Relativ gesehen, sind Menschen mit geistiger Behinderung gerade nicht die Zurückgebliebenen, nicht die sozial Schwachen. Sie sind vielmehr ein grundlegendes Beispiel für menschliche Stärken.

Menschliche Stärken entwickeln sich nicht selbst. Der Mensch muss gestaltet werden und dies geht nicht ohne ihn. Wir stellen daher „Aktivierung" in den Mittelpunkt. Der Begriff soll andeuten, dass hier Ausstattungen und Prägungen zusammen wirken, Lebensbedingungen und Selbstverwirklichung zusammen gehen. Aktivierung wird eigentlich – und in unserem Argumentationszusammenhang – positiv verstanden (also z.B. nicht als Selbstzerstörung). So wird auch der Mensch mit Behinderungen mit all der Unterstützung, die er erfährt, zum Subjekt der eigenen Entwicklung.

Aktivierung führt zu allgemeiner Aufmerksamkeit, die durch Faktoren aus der Umwelt beeinflusst und durch Vorgänge im Großhirn gesteuert wird. Aktivierung ist mit erhöhter psychophysischer Erregung verbunden. Der Organismus (v.a. Muskeln) wird mit Energie versorgt und Emotionen (im Lymbischen System) begleiten die kognitive Verarbeitung. Allgemein wird durch Aktivierung „etwas in Gang gebracht", etwas bewegt. Dadurch werden im tätigen Umgang mit Dingen und Situationen Erfahrungen gesammelt. Aktivierung impliziert also eine Verbindung von körperlicher und geistiger Lern- und Entwicklungsfähigkeit.

Mit ‚Aktivierung' wird „[…] nicht von vorneherein eine bestimmte motivationale Ausrichtung assoziiert […]" (Fuchs 2003, S.9). Mit dem Attribut wird vielmehr auf breite Möglichkeiten der ‚spielerischen Selbstentfaltung', der ‚Ausübung einer Tätigkeit um ihrer selbst willen' und der ‚Freude an der Überwindung von Schwierigkeiten' (Fuchs 2003: 9, zit. nach Volkamer 1984) verwiesen. Bewegung ist wesentliche Voraussetzung für die Wahrnehmung der Umwelt, für die Auseinandersetzung mit Anforderungen und Aufgaben wie für die Entwicklung eigener Fähigkeiten. Sie ist eine wichtige Kommunikationsform und bietet Zugangsmöglichkeiten zu Menschen mit geistiger Behinderung im Rahmen von freudvollen Handlungssituationen (vgl. Wegner 2013, S.351).

Die bei dieser Aktivierung relevanten inhaltlichen Schnittmengen von Bewegung, Spiel und Sport werden im Projekt unter dem Begriff ´spezifische sportliche Aktivität´ gefasst. Bei sportlicher Aktivität in operationaler Definition wird „[…] nicht von vorneherein eine bestimmte motivationale Ausrichtung assoziiert […]" (Fuchs 2003, S.9). Motivvielfalt wird zur Voraussetzung für Inklusion, wenn sie in die Konzeption von Aktivierung durch spezifische sportliche Aktivität einbezogen wird. Verschiedenste Motive können so zur Grundlage für individuelle Aktivierung in Kursen werden und öffnen sie damit für breiteres Spektrum von Beschäftigten. In diesem Verständnis sind auch Motiventwicklungen und ggf. Motivwandel im weiteren Entwicklungsverlauf sinnvoll, wenn sie Aktivierung aufrechterhalten und einen aktiveren Lebensstil begünstigen. Das Spezifische der inhaltlichen Ausrichtung bestimmt sich weiterhin durch die Verbindung eines angezielten Entwicklungsspektrums mit einem Aktivitätsspektrum zwischen einfachen kleinen Spielen bis hin zu komplexen Sportspielen. Die Attribuierung auf breite Möglichkeiten der ‚spielerischen Selbstentfaltung', der ‚Ausübung einer Tätigkeit um ihrer selbst willen' und der ‚Freude an der Überwindung von Schwierigkeiten' kann dabei als zu Grunde liegendes Leitmotiv verstanden werden (Fuchs 2003, S. 9) verwiesen.

Diese Wirkung von Aktivierung kann inhaltlich genutzt werden, indem sportliche Elemente eingefügt werden. Hierbei geht es nicht um die Grundlegungen für Sportarten, sondern um festere Formen der Bewegung, die eine Wiederholung und Übung erleichtern. In der sportlichen Aktivierung kann dann der bestimmte Einsatz von Bewegung verbunden werden mit der Überprüfung besonderer Effekte (vgl. Wagner et al 2006, S.59).

In dem Forschungsprojekt stellte sich früh heraus, dass die praktische Umsetzung dieser spezifischen sportlichen Aktivierung von den sogenannten ‚schwierigen Fällen' aus begründet und angegangen werden muss. Denn allzu schnell ist der gut begründete Einwand erhoben, dass sportliche Aktivierung bei denen erfolgreich ist, die an sich sportlich sind und der Förderung am wenigsten bedürfen. Dieses Vorgehen, in anderem Zusammenhang als „preaching the converted" bezeichnet, überzeugt die praktisch Verantwortlichen nicht. Sie fordern zu Recht, an den grundlegenden Problemen und nicht an der Oberfläche anzusetzen. Deshalb ist in vorliegendem Projekt in einem Standort systematisch von bewegungsabstinenten Menschen ausgegangen worden.

Bei den bewegungsabstinenten Beschäftigten in jeweiliger Arbeit können zunächst in der Erscheinung eine Vielzahl von Aktivierungshemmnisse auftreten:

○ Zu geringe Aktivierung: Müdigkeit, Essen/Sport inkompatibel, Unsicherheit, unmotiviert (Verweigerung), „Konflikt" mit Gruppenleitung, Alltagskonflikte, Tagesform usw.

○ Zu hohe Aktivierung: Unruhe, aufgeregt, Angst, Stress, abgelenkt usw.

Die Schwelle zur Aktivierung wird in der Regel fremdbestimmt überschritten, z.B. durch Begleitdienst, Gruppenleiter, Kursleiter. Hierbei zeigte sich, dass bei einigen wenigen Beschäftigten diese Hindernisse zu hoch sind, dass sie also keinen Zugang zur Aktivierung finden und ihnen die sportliche Aktivierung vorenthalten bleibt, selbst wenn sie zu dieser Tür geführt werden.

➢ Dieses Ergebnis ist festzuhalten: *Mit Hilfe der Gruppenleiter wurden alle Beschäftigte in angepasster Arbeit angesprochen und bis auf wenige Ausnahmen mit ausdauernder Unterstützung zur Teilnahme an Kursen für sportliche Aktivierung bewegt.*

Ist die Schwelle zur sportlichen Aktivierung überschritten, schließt sich ein spezifisches Programm an, in dem auf die spezifischen Bedingungen eingegangen werden muss: a) auf die unterschiedlichen individuellen Voraussetzungen und Entwicklungen, b) auf die äußeren Bedingungen in Räumlichkeiten und zeitlichen Abläufen etc, c) auf die heterogene Gruppe und deren inneres Gefüge, d) auf die aktuelle und allgemeine Stimmungslage etc.

Folglich müssen im Vorfeld entsprechende Rahmenbedingungen registriert werden, damit aktivierungsfördernde Maßnahmen konkretisiert werden können. Die Durchführung der Kursstunden sollte durchgängig das Aktivierungsniveau berücksichtigen (Erhöhung = Mobilisierung, oder Reduktion = Entspannung, oder Balance zwischen Anforderungen und Fähigkeiten der Teilnehmer*innen erhalten). In der Regel werden die Aktivierungslevels in einer Kursstunde schwanken (ggf. typische Aktivierungsverläufe), so dass nachreguliert werden muss (z. B. durch den Einsatz zweckbezogener bewährter Spiele o.ä.).

Bei bewegungsabstinenten Menschen anzusetzen birgt den Vorteil, dass gesellschaftlich begründete Anleitungen, die im Grunde genommen Zwänge der Sozialisation enthalten, ‚höflich‘ erfolgen. Dieser Einbau der Höflichkeit am ‚unteren Ende‘ der Normalität enthält eine Sozialdisziplinierung unter Eingeständnis der Unvollkommenheit (eine „sprezzatura" wie Richard Sennett 2015, S.165f erläutert). Dies ermöglicht eine Vergleichbarkeit und Beeinflussung der tendenziellen Andersartigkeit, während die Betonung der eigenen Stärke am oberen Ende der Normalität zur Betonung der überlegenen Andersartigkeit tendiert. Mit einer ‚höflichen‘ Vorgehensweise wird eine Sozialität ausgewiesen und gerahmt, in der Andersartigkeit sinnvoll wird und zugleich die Gemeinsamkeit fassbar bleibt. Hierzu verweist Sennett auf Konventionen, mit denen das Gemeinsame eine rituelle Verbindlichkeit erhält, was wiederum die Verständigung erleichtert. Diesen Wirkungszusammenhang konnten wir in dem durchgeführten Projekt vor allem mit spielerischen Elementen nutzen und erfahren.

Diese Konventionen sind in einfachen und leicht zugänglichen Formen des gemeinsamen Vorgehens, der gegenseitigen Unterstützung, des Nachmachens und Vorzeigens, der Freude über eigenes und anderes Gelingen, über Verstehen und Verständnis in spielerischer Aktivierung auszubauen und zu installieren. Sie machen Bewegungen sicherer und zeigen die Sinnhaftigkeit von Regeln. Im Grunde fördern sie eine Entwicklung, wie sie für jeden Menschen sinnvoll ist: gemeinsam die Fähigkeiten zur Existenzsicherung und zur Entfaltung der eigenen Persönlichkeit in einer Gemeinschaft zu entwickeln

Die spielerischen Entwicklungsförderungen durch spezifische sportliche Aktivierung haben Verankerungen in dem Bezug zur erfahrbaren, wahrnehmbaren Umwelt. Sie fördern den sozialen Menschen als lernfähiges Subjekt dieser Entwicklung. Und sie praktizieren diesen Entwicklungs- und Lernprozess in konkreten Maßnahmen, Bewegungen, Aktivitäten, Handlungen. Insgesamt kann die Konzeption dieser Förderung folgendermaßen überblickt werden:

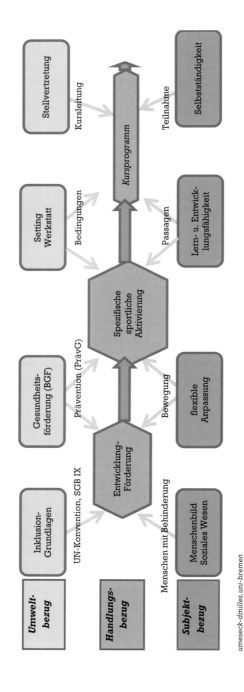

Abbildung 2: Überblick über die Konzeption des Kursprogramms

umeseck-dmilles.uni-bremen

3. DAS BEISPIEL MARTINSHOF –
EIN LEUCHTTURMPROJEKT IM SETTING WERKSTATT

Das Projekt, über das berichtet wird, begann mit einfachen Perspektiven. Die eindrucksvollen Events, wie sie Special Olympics organisiert, verwiesen auf Effekte für den Lebens- und Arbeitsalltag, die Bedeutung der betrieblichen Gesundheitsförderung erreichte die Werkstätten für Menschen mit Behinderungen, die Notwendigkeit der Inklusion sollte praktisch angepackt werden. Hierbei nahm das Projekt einen einfachen Ansatz in der spielerischen Aktivierung. In diesem Ansatz zeigten sich jedoch bald wirkungsvolle Möglichkeiten, die angesprochenen Perspektiven effektiv und beispielhaft zu verfolgen.

Zu Beginn des Projektes im Martinshof, einer „Werkstatt für behinderte Menschen" in Bremen, haben wir uns auseinandergesetzt mit einer problematischen Ausrichtung des Umgangs mit Behinderungen, nämlich auf

- *Versorgung*, im Sinne von Bereitstellung vor allem ausgleichender Begleitmaßnahmen, die auf vorhandene Schädigungen oder Abweichungen, bzw. auf deren Milderung zielen;

- *Verwahrung*, die lediglich als absichernde Exklusion betrieben wird und bei der unter dem Vorwand der Versorgung wesentlich Normalitätsannahmen der Nichtbehinderten stabilisiert werden;

- *Beschäftigung*, wenn damit nur eine fürsorgende Absonderung verbunden ist, die eine relativ nutzlose Tätigkeit als nützliche Aktivität fasst und damit Versorgung und Verwahrung vorgibt.

Die Unterstützt durch die normative Verständigung in der UN-Konvention „Übereinkommen über die Rechte von Menschen mit Behinderungen" (Convention on the Rights of Persons with Disabilities v. 13.12.2006) ging es darum, diese überkommenen Ausrichtungen zu überwinden. Die Konvention bekräftigt allgemeine Menschenrechte auch für behinderte Menschen und fordert Verbesserungen in vielen Lebenssituationen behinderter Menschen. Solche Verbesserungen müssen im Alltag greifen und sie müssen zuverlässig und nachhaltig organisiert sein.

Das Vorhaben setzte in dieser Perspektive von Beginn an auf Zusammenarbeit. Eingerichtet wurde eine Kooperation zwischen

Universität:	zuständig für die wissenschaftliche Konzeption, Durchführung der Intervention und Begleitung.
Martinshof:	zuständig für das ‚Feld', in dem die Maßnahme durchgeführt wird, für organisatorische Voraussetzungen und interne Kommunikation.
AOK Bremen: -Bremerhaven	zuständig für Initiierung, Finanzierung und Unterstützung der praktischen Gesundheitsförderung

Das Projektteam stand vor der Aufgabe, Maßnahmen zu konzipieren, durchzuführen und zu evaluieren. Daher wurden regelmäßige interne Reflexionen mit Verständigungen in der Kooperation verbunden. Eingerichtet wurde ein Steuerkreis mit allen Beteiligtem. Die Sitzungen werden protokolliert. Regelmäßig wird über den Fortgang zusammenfassend berichtet und die weitere Vorgehensweise abgesprochen.

Ein wegweisendes Projekt mit Martinshof und Universität

In dem Projekt, das die AOK Bremen-Bremerhaven initiiert und fünf Jahre unterstützt hat, konnten gesundheitliche Verbesserungen gerade bei den Menschen, die keine einfachen Voraussetzungen und Bedingungen für körperliches, seelisches und soziales Wohlbefinden haben, nachgewiesen werden. Die AOK Bremen-Bremerhaven, der Martinshof und die Universität Bremen haben im Zusammenwirken wichtiger gesellschaftlicher Institutionen die Chancen einer systematischen betrieblichen Förderung der Menschen mit geistigen und mehrfachen Behinderungen wesentlich erweitert.

Noch immer hat Inklusion mit einem traditionellen Umgang mit Behinderung zu tun, der aus dem Mittelalter stammt, der das Schwergewicht auf mangelhafte Ausstattung und fehlende Fähigkeiten der Menschen legt und immer auch das Anderssein betont und/oder die Exklusion begründet. Wir wollten demgegenüber auf dem Hintergrund moderner gesundheitswissenschaftlicher Einsichten die Verbindung von Empowerment und Inklusion herstellen. Empowerment meint dabei die Förderung eigener Fähigkeiten betreffender Menschen mit dem Ziel, Anforderungen moderner Gesellschaften bewältigen zu können und die selbstständige und verantwortliche Teilnahme an der Gemeinschaft zu entwickeln. Inklusion meint dabei die Bereitstellung und Förderung der sozialen Fähigkeiten, die das sinnvolle Zusammenleben unterschiedlicher Menschen ermöglichen und sichern. Inklusion ist in diesem Sinne keinesfalls erschöpft mit der „gleichberechtigten Teilnahme", worunter in der Regel (und nach UN-Konvention) einfach verstanden wird, dass Behinderte und Nichtbehinderte zusammen aktiv sind. Wie aber in der Industriegesellschaft gleichberechtigte Teilnahme wenigstens angestrebt werden soll, bleibt so verschwommen, dass ein praktisches Ziel nicht mehr erkennbar ist. Denn jedem Übungsleiter in beliebigem Sporttreiben ist klar, dass behinderte und nichtbehinderte Menschen den gleichen, sogar barrierefreien Zugang zur Sporthalle erhalten können, damit aber noch ganz wenig über einen positiven Fortgang gesagt ist.

Wir sind stattdessen in dem Projekt von vorhandenen Fähigkeiten der Menschen mit geistigen Behinderungen ausgegangen und haben das Schwergewicht auf die schrittweise Befähigung dieser Menschen in ihrer Umgebung und mit ihren Mitmenschen gelegt. Dies ist für uns ein praktischer Weg, *Empowerment und Inklusion zu verbinden*.

In diesen grundsätzlichen Überlegungen verschwindet die exkludierende Unterscheidung zwischen Menschen mit oder ohne Behinderung. Es gibt lediglich allen gemeinsame Entwicklungsaufgaben, die in unterschiedlichen Voraussetzungen und Schritten angegangen werden müssen.

Wie in jeder menschlichen Entwicklung gibt es hierbei erkennbare Stufen, die auch in den gesellschaftlichen Regelungen und Normierungen festgehalten werden, z.B. in der Schulpflicht oder dem Wahlrecht, auch in der Entmündigung. Kennzeichen dieser Stufen ist, neben unterschiedlichen körperlichen, geistigen und sozialen Voraussetzungen, die unterschiedliche Rolle von Stellvertretern, die im gemeinschaftlichen und gesellschaftlichen Auftrag soweit tätig werden, wie der betreffende Mensch dies nicht selbstverantwortlich tun kann.

Zielsetzung aller Maßnahmen, die Empowerment und Inklusion verbinden, ist es, das Ausmaß und die Bedeutung stellvertretender Verantwortlichkeit sukzessive abzubauen und durch eigene Verantwortung der betreffenden Menschen zu ersetzen.[13] Angeregt durch diese Aufgabenstellung wollten wir einen praktischen Weg finden, auf dem Menschen mit Behinderung ihre Fähigkeiten entwickeln und am gesellschaftlichen Leben teilnehmen, also Partizipation realisieren.

Hierbei war die Einsicht wichtig, dass der Weg zur Partizipation auf Kommunikation angewiesen ist. Partizipation erschöpft sich eben nicht einfach in einer Zuweisung von Rechten. Partizipation gibt es nur in einem praktischen Sinn. Es genügt nicht eine Fahrkarte zur Straßenbahn auszuteilen, man muss auch, damit die Sache Sinn macht, einsteigen und erfolgreich ankommen können.

Kernpunkt ist die stufenweise, spezifisch aufgebaute sportliche Aktivierung. Beginnend mit bewegungsabstinenten Beschäftigten, die vor allem spielerisch motiviert werden, fortgesetzt mit gezielter Förderung sicherer Bewegungsabläufe bis hin zu regelgeleitetem, sinnhaft erlebtem und gemeinsamem Sporttreiben wurden zugeschnittene Angebote für Kurse im Martinshof konzipiert, überprüft und evaluiert. Mit diesen Maßnahmen können die inklusiven Anstrengungen der Werkstätten für Behinderte eine neue Qualität erreichen.

Die stufenweise aufgebauten Angebote („Schwellen") wurden in Kursen organisiert, in denen es um Aufbau und Entwicklung von solchen Fähigkeiten geht, die auch auf den betrieblichen Alltag übertragen werden können (Empowerment). Kein Bestandteil, der in anderen Schwellen im Vordergrund der Maßnahmen steht, geht in den folgenden verloren, aber das Schwergewicht verlagert sich hierbei sukzessive und die Anforderungen werden gezielt gesteigert:

---

[13] Oder beispielsweise im Lebensabend die eigene Verantwortlichkeit praktisch soweit möglich zu erhalten.

a) Kurse mit dem Schwerpunkt Motivation(ssicherheit) durch Aktivitäten, Erfolgs-
    erlebnisse und Bewegungsfreude,

b) Kurse mit dem Schwerpunkt der Bewegung(ssicherheit) durch Erweiterung und
    sichere Reproduzierbarkeit des Bewegungs- und Spielerepertoires,

c) Kurse mit dem Schwerpunkt der Handlung(ssicherheit) durch regelgeleitete und
    zielgerichtete sportliche Tätigkeit.

Die motivierende Praxis des Projektes beginnt mit spielerischen Aufgaben von geringer Komplexität. Diese
bieten einen einfachen Zugang zur
Bewegung und zum Ausdruck der
damit verbundenen Freude. Zugleich
ermöglichen sie einfache Erfolgserlebnisse durch gelingende Aktivität.
Dann wurden die Anforderungen
gesteigert und die Leistungen wurden regelmäßig gemessen (Tests),
dokumentiert (teilnehmende Beobachtung) und hinsichtlich möglicher
Transferwirkungen am Arbeitsplatz
nachgefragt (Interviews).

*Abb. 3: Teilnehmer eines Kurses mit dem Schwerpunkt
Motivation bei einem Spiel in der Aufwärmphase*

In den Testungen gab es einzelne Aufgaben, bei denen die Ergebnisse in Zahlen nicht
die Entwicklungsfortschritte erfassten. So hatten die Teilnehmer*innen wachsenden
Spaß daran, auf Kegel zu werfen, sichtbare Effekte zu erzielen und sich gegenseitig
anzufeuern. Diese elementare Motivation konnte nicht in einer steigenden Anzahl ge-
troffener Kegel gespiegelt werden – manche Leistungsentwicklung ist nicht einfach
quantifizierbar.

Die befragten Gruppenleiter bemerkten bereits nach einem Kursdurchgang (ein Jahr)
allgemein „enorme Entwicklungen" und beispielhaft: „Innerhalb des Arbeitsalltags
kann man beobachten, dass die Selbstorganisation, das Erlernen und auch Auskom-
men mit den anderen ein Stück weit gewachsen sind." Eine Teilnehmerin zum Beispiel „war vor dem Projekt sehr schwach und hatte kaum ausgebildete Muskeln, kann
mittlerweile selbstständig schwere Sachen tragen und holen. Geht mehr auf Menschen zu und spricht sie an. Insgesamt viel kontaktfreudiger". Zusammengefasst fiel
ihnen auf:

- Die Arbeitsvorgänge verliefen erkennbar schneller, die Arbeit wurde aktiver
  wieder aufgenommen.

- Die Aufmerksamkeit für Erklärungen und Hinweise war höher.

- Der Einfluss von Spaß und Freude auf den Arbeitsprozess wurde bestätigt.
- Das Sozialverhalten war deutlich intensiver und unterstützend.

Ein Beispiel aus der Praxis des Projektes:

Die Gruppe auf den Fotos links hat die Aufgabe (hier bereits auf schwieriger Stufe, nämlich auf einer Bank) sich der Größe nach zu ordnen. Zu erkennen ist, dass die Personen untereinander kommunizieren, auch mit Gestik, da eine Teilnehmerin taubstumm ist. Die Kursleitung versucht möglichst wenig zu intervenieren, aber so viel wie nötig Hilfestellung zu leisten, damit Gefahren vermieden werden können. Die Gruppe organisiert sich - auch bei Ausbleiben der Anweisungen von außen - selbstständig. Die Mimiken lassen Spaß und Freude bei der eigenständigen und gemeinsamen Bewältigung dieser Aufgabe erkennen.

Die empirischen Befunde in unserem Projekt, auf die ausführlich in Kap. 8 eingegangen wird, unterstreichen diese Bedeutung der spielerischen, sportlichen Aktivierung und zeigen

Abbildungen 4-6: Aus einem Kurs mit dem Schwerpunkt Bewegung bei einem Spiel im Hauptteil der Stunde

➢ eine basale (körperliche, psychische und soziale) Freude an gelungener Nachahmung:

- die Kursteilnehmer*innen schauen auf die Kursleitung und machen Bewegungen individuell nach,

- über die bloße Wahrnehmung hinaus findet also eine direkte Form der Interaktion statt;

- sie bauen Vorstellungen von dem Bezug der Bewegung auf,

- auch werden Kontakte hergestellt und die anderen Teilnehmer*innen einbezogen,

- diese Freude spiegelt immer zurück;

➤ einen interaktiven Lernprozess in einem kollektiven Gruppenzusammenhang:

- der subjektive Befähigung als soziale Kompetenz betreibt,

- der positiv ausgerichtet und freudig bewertet wird,

- der Anleitung und Unterstützung dosiert und mit Partizipation verbindet;

- der zugleich das Ergebnis sportlicher Anstrengung ausweisen will.

Gezeigt wird, was wiedererkannt wird, was soweit verstanden wurde, was wiederholt werden kann, was selbständig praktiziert wird, was anderen gezeigt werden kann, was gelingen soll, wie es gelingt und dass etwas Wahrnehmbares bewirkt wird (und sei es auch, dass nach dem Wurf der Kegel umfällt). Die Auseinandersetzung mit der Umwelt und den Mitmenschen, vor allem aber die sportlichen Anforderungen fördern einen Lernprozess, der gerade bei Menschen mit Behinderung elementare Aspekte von (nonverbaler) Kommunikation und Interaktion einschließt.

Die Kursteilnehmer*innen wollen ihr Können präsentieren und verlangen oft das Zuschauen und die Anerkennung:

- in erster Linie werden die Kursleitungen, aber auch andere Teilnehmer*innen einbezogen;

- in dem erkennbaren Vorgang (Kegel fällt, Reihenfolge steht etc.) werden eigene Aktivität erfassbar und Vergleiche möglich;

- das Zuschauen enthält mehr Spiegelung eigener und anderer Aktivität, ermöglicht eine Würdigung ihrer relativen Leistung, fördert den Ausdruck der Würdigung;

- sportliche Aktivierung ist mehr als eine sportliche Leistung zu erbringen, sondern zugleich verbunden mit der Absicht wahrgenommen und anerkannt zu werden;

- die Inszenierung der sportlichen Aktivierung gehört so zur „Äußerung", also zum Vorzeigen der subjektiven Anstrengung;

- dieser Effekt wird vor allem beobachtet, wenn das Können an andere Teilnehmer*innen weitervermittelt und das eigene Können damit als soziale Unterstützung erkannt wird.

Ein Gruppenleiter sagte schließlich stellvertretend für die Kollegen, die den besten Einblick in die Praxis der betrieblichen Gesundheitsförderung haben: *„Meine Meinung ist, was die (Projektmitarbeiter*innen) da machen, ist eine sehr wichtige und sehr gute Aufgabe und das tut den Leuten einfach gut. Also wenn sie zurückkommen, sind sie alle am Strahlen."*

Insgesamt entwickelten die Teilnehmer*innen praktische Fähigkeiten, die spielerisch aufgebaut wurden und doch die Bewältigung betrieblicher und alltäglicher Vorgänge unterstützten. Die Förderung setzte mit Erfolg darauf, dass die Anforderungen und Aufgaben gesteigert werden können und die Menschen mit Behinderungen ihre Fähigkeiten und Fertigkeiten verbessern.

Abbildung 7: Aus den Angeboten der Werkstatt (http://www.werkstatt bremen.de/)

Die Forschungen wurden von einem Team unter der Leitung von Prof. Dietrich Milles und Dr. Ulrich Meseck begleitet und von Jörg Twiefel in der AOK bzw. Wilfried Hautop im Martinshof engagiert unterstützt. In der Universität konnten auf Basis der Projektarbeit 7 Master-Abschlussarbeiten, 4 Bachelorarbeiten und eine Dissertation angefertigt werden. Schließlich konnte in Zusammenarbeit mit dem LSB Bremen eine Schulung für 12 Kurs- und Gruppenleiter*innen durchgeführt und mit Zertifikat abgeschlossen werden. Die Ergebnisse insgesamt werden in einem Handbuch für eine allgemeine Nutzung in der betrieblichen Gesundheitsförderung von Menschen mit geistigen und mehrfachen Behinderungen zur Verfügung gestellt. Damit sind die Kooperationspartner einen großen und bundesweit beispielhaften Schritt in praktischer Inklusion voran gegangen. So ist auch hierin einem Gruppenleiter beizupflichten: *„Meiner Meinung nach sollten diese Angebote erweitert werden, weil es ist wichtig".*

4. KONZEPTION VON ENTWICKLUNG UND FÖRDERUNG IN KURSEN

Die Konzeption der Entwicklung in kleinen Schritten geht im Grunde von der Überlegung aus, dass die individuelle Entwicklung ein eigener Vorgang des Individuums ist, also jegliche Intervention nur Anstoß sein kann; immer nur reagieren und auf den jeweils eigenen Vorgang eingehen kann. Betrachtet man die Intervention vom Standpunkt der Erziehung, so steht sie also *„vor dem Problem, daß sie nicht kann, was sie will."* (Luhmann 1991, S.21) Für die Konzeption der Förderung ist es wichtig, diesen Gedankengang tiefer zu verfolgen.

Niklas Luhmann hat vorgeschlagen, das Kind als ein Medium anzunehmen, das in loser Kopplung durch Erziehung zu prägen ist und das so eine Intervention ermöglicht, die zugleich die betreffende Person als Subjekt der eigenen Entwicklung anerkennt. Noch mehr. Die Intervention wird als eine Einflussnahme verstanden, die nicht wesentlich über Indoktrination oder Wissenstransfer, sondern über Irritation zustande kommt. *„In den Dauerirritationen, die im Bewusstsein auftreten, wenn es sich immer wieder und in wiederholbaren Formen (Sprache) an Kommunikation beteiligt, liegt der Schlüssel für das Problem der Sozialisation."* (ebd., S.32) Solche beeinflussende Kommunikation wird im Fall der Erziehung durch das Medium Kind ermöglicht. Doch nicht nur das Kind, auch der Mensch mit geistiger Behinderung prägt nicht nur angeborene Muster aus: *„Nein, der Mensch ist zu machen. Das ist das Signal für mehr Bemühung und mehr Verantwortung, für Ausdifferenzierung der Erziehung."* (ebd. S.35) Dieses Verständnis öffnet der Förderung die Möglichkeit, *„nicht Handlung gegen Handlung zu setzen, sondern das Handeln nach Maßgabe des Erlebens des anderen zu wählen."* (ebd., S.44) Zielsetzung ist dann die permanente Anstrengung in der Bewältigung von Anforderungen und Aufgaben. Aufbau von Ressourcen und Entwicklung stehen im Mittelpunkt. *„Die daraufhin reformulierte Pädagogik mißt sich nicht mehr nur am Herüberkommen des Stoffes in die Köpfe der Kinder, sondern an der Entwicklung von Lernfähigkeit."* (ebd., S.60) Und entsprechendes Gewicht erhalten die effektiven Lernmöglichkeiten in der Interaktion.

- Im Grunde genommen belegt unser Projekt, dass Menschen mit geistigen Behinderungen in diesem Sinne als Medium der inklusiven Förderung verstanden werden können.

Die effektiven Lernmöglichkeiten wurden in Kurseinheiten erprobt und überprüft. Die Kurseinteilung erfolgte nach Schwerpunkten der Einflussnahme. Diese wurde nicht nach Art und Ausmaß von Behinderung konzipiert, sondern nach den Entwicklungs- und Lernschritten der teilnehmenden Menschen mit geistiger Behinderung.

4.1 Die Konzeption von Entwicklungsschritten in Kurseinheiten

Menschen mit geistiger Behinderung verfügen häufig über (noch) nicht bekannte, bisher nicht geförderte oder lange nicht mehr geförderte Ressourcen. Spielerische Aktivierung knüpft dort an und impliziert Lern- und Entwicklungsprozesse, die in einer Dynamik zu mehr, besseren und effektiver einsetzbaren Fähigkeiten führen können. Diese in einem zunehmenden Komplexitätsniveau von Spielen im Spektrum zwischen Bewegungsaktivierung der Bewegungsabstinenten mit wenig entwickelten Fähigkeiten bis zu weitgehend selbständigen oder vollständig autonomen Sportaktivitäten zu konzipieren, stellt den Kern der durchgeführten sportlichen Aktivierungsprogramme dar. Im Projektkontext wird das beschriebene Entwicklungsspektrum in einem Schwellenmodell gefasst, in dem Qualitäten von Entwicklungsvorgängen im zuvor skizzierten Spektrum beschrieben werden. Dadurch sind qualitative Schritte festzumachen und Kurszuordnungen vorzunehmen. Der Zuwachs von Fähigkeiten konnte auf allen Stufen nachgewiesen werden. Dieser Zuwachs von Fähigkeiten wurde auch in anderen Lebensbereichen, zumal in den Arbeitszusammenhängen der Werkstätten, wirksam.

Aus didaktischer Perspektive der Behindertenpädagogik sind zwei relevante konzeptionelle Ansätze einzubeziehen: (1) Die Kurse sind so zu gestalten, dass Lernen und Entwicklung am gleichen Kursinhalt nach dem Prinzip der Individualisierung der Methoden erfolgt. Damit wird ein entwicklungsorientierter Standpunkt unter Einbeziehung psychomotorischer Förderung bei Bewegungsaktivitäten eingenommen. Schwerpunkt ist die Vermittlung von grundlegenden Bewegungs- und Wahrnehmungsmustern durch vielfältige Körper-, Bewegungs-, Sozial- und Materialerfahrung. (2) Es geht um den Aufbau von Handlungsfähigkeit und –kompetenz zum selbständigen und selbstbestimmten Handeln mit Anwendbarkeit in realen Lebenssituationen (Arbeit, Freizeit) bzw. die Simulation von realen Lebenssituationen, die in Spielen mit Alltagsbezug erfolgt. Dies kennzeichnet die handlungsorientierte didaktische Ausrichtung.

Formal haben die Kurseinheiten alle einen einheitlichen Aufbau. Der Beginn ist allerdings in den verschiedenen Schwellen unterschiedlich.

Der anfängliche Kurs für bewegungsabstinente Mitarbeiter*innen erfordert vor allem zunächst, dass dieselben an ihrer Arbeitsstätte angesprochen, ‚abgeholt‘ und auf dem Weg zur Sportstätte (v.a. bei unbekannten Wegen, hinderlichen Treppen) begleitet werden. Hierbei ist die Unterstützung der Gruppenleiter in den Werkstätten sehr hilfreich.

Die eigentliche Kurseinheit beginnt mit einer einleitenden Aufwärm-Phase, die spielerisch aufgebaut ist und mit Musik unterstützt wird. Im Hauptteil werden solche Spiele systematisch eingesetzt, die Kernziele des Gesundheitssports (Stärkung von physischen Gesundheitsressourcen, Stärkung von psychosozialen Gesundheitsressourcen, Verminderung von Risikofaktoren, Bewältigung von Beschwerden und Missbefinden, Aufbau von Bindung an gesundheitssportliche Aktivität, Verbesserung der Bewegungsverhältnisse) in verschiedenen Schwierigkeitsgraden fördern. Zum Schluss gibt es immer eine Phase der Entspannung, die auch den sozialen Zusammenhang stärken kann.

Inhaltlich sind die Kursstunden so aufgebaut, dass aufeinander bezogene Anforderungen und Aufgaben gestellt werden, die möglichst einen realen Alltagsbezug haben. Das kann die Orientierung im Raum sein, das können vorgestellte Tätigkeiten wie Obstpflücken oder Pfützen überspringen etc. sein, oder Hütchen treffen etc. Diese Anforderungen und Aufgaben können mit sportbezogenen Strukturen ausgestattet werden. Sie greifen dann nicht nur die Abläufe von Aufwärmen, Kern (Haupt)teil und Entspannen auf, sondern auch zentrale Aspekte von aerober Ausdauer, Kraft, Schnelligkeit, Beweglichkeit, Koordinativen Fähigkeiten. Darüber hinaus werden kognitive und psychosoziale Aspekte berücksichtigt.

Inhaltlich zeigte sich im Verlauf des Projektes, dass eine weitere Differenzierung in den Aufgaben und Anforderungen sinnvoll war, so dass die ursprünglichen drei Kurse noch einmal unterteilt wurden. Unterschieden wurde eine mehrmonatige Phase in den Kursen, in der es zunächst um die Stabilisierung des Übergangs und die Eingewöhnung in den Schwerpunkt der Kurssequenz ging, gefolgt von einer Phase, die auf die Weiterentwicklung der Inhalte mit dem Blick auf einen möglichen Übergang in die nächste Kursebene ausgerichtet ist. (Siehe die ausführliche Erläuterung in Kap.7)

Die Konzeption der sportlichen Aktivierung zielt auf eine stufenweise aufgebaute Förderung. Beginnend mit vor allem spielerischer und unmittelbarer Motivation, fortgesetzt mit gezielter Förderung sicherer Bewegungsabläufe bis hin zu regelgeleitetem gemeinsamem Sporttreiben. Die stufenweise aufgebauten Angebote wurden in Kursen organisiert, in denen es um Aufbau und Entwicklung von solchen Fähigkeiten geht, die auch im betrieblichen Alltag nutzbringend eingesetzt werden können. Diese Orientierung konkretisiert das, was Empowerment in einer Werkstatt für behinderte Menschen sein kann. Die Unterscheidung der verschiedenen Ebenen (in Anlehnung an das ‚Rubikon-Modell der Handlungsphasen' von Heckhausen & Gollwitzer 1987) ermöglicht eine Gewichtung der Förderung, die sukzessive verlagert wird, wobei die Anforderungen gezielt gesteigert werden: Von Kursen zu **Motivation** durch Erfolgserlebnisse und Bewegungsfreude zu Kursen zu **Bewegung** durch Erweiterung und sichere Reproduzierbarkeit des Bewegungs- und Spielerepertoires bis zu Kursen zu **Handlung** durch regelgeleiteten Sport und zielgerichtete Tätigkeit.

Insgesamt kann der Aufbau der Schwellen, Ebenen und Kurse folgendermaßen überblickt werden:

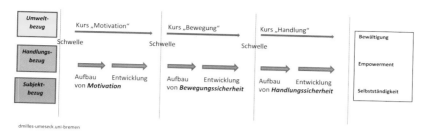

Abbildung 8: Grundstruktur des Schwellenmodells

Der Konzeption liegt ein **Masterplan** zugrunde zur Bestimmung von qualitativen Bandbreiten von Entwicklungsfortschritten zwecks Organisation der curricularen Inhalte sowie der Zuordnung zu Kurs-Schwellen, also zur machbaren Diversifikation der Kursinhalte in einzelnen Schwellen sowie zur handhabbaren Heterogenität der Kursteilnahme. Die Fragen implizieren Einschätzungen über die einzelnen Kursteilnehmer in Bezug zu Normalitätsvorstellungen und zu den erwartbaren Entwicklungsfortschritten in den Kursschwellen.

Motivation

- Wie ist der Zugang zu Wahrnehmbarem?
- Wird Bestätigung erfahren?
- Wird von Basissicherheit (Geborgenheit) ausgegangen?

Bewegung

- Werden Ordnungen erkannt und berücksichtigt?
- Wird untereinander Gewicht auf Klärungen von Konflikten gelegt?
- Werden Fortschritte wahrgenommen und gewollt?

Handlung

- Werden Öffnungen (Möglichkeiten) entdeckt?
- Gelingen beabsichtigte Aktivitäten und drängen sie zu Steigerungen?
- Werden Entscheidungen sinnhaft begründet, getroffen und akzeptiert?

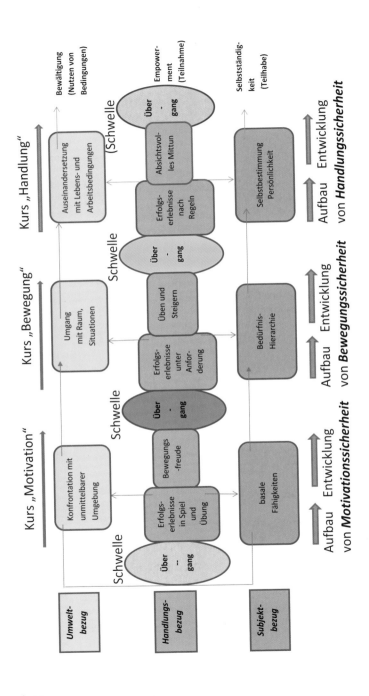

Abbildung 9: Konzeption „Spezifische sportliche Aktivierung"

Kognitive Merkmale, Indikatoren (der Aktivierung):

Kognitive Merkmale können ausgemacht werden in der Art und Weise, wie Bezüge zur Umwelt, zu Anforderungen an Verhalten und Tätigkeit sowie zu den Inhalten derselben im Sinne eigener Aufgaben hergestellt werden.

Festgestellt wurde, dass eine qualitative Ausprägung dieser Bezugnahme angenommen werden kann, die von einfachem, sozusagen angelehntem *Nachmachen* ausgeht; das ist z.B. mit der deutlichen Orientierung an Kursleiter*innen gegeben (bis hin zu „an die Hand nehmen"). Eine Steigerung ist sichtbar, wenn es nicht nur um unmittelbare Aktivierung (Laufen an der Hand, Treffen eines Hütchens etc.) geht, sondern um eine gesamte Aktion (z.B. den Sprung nach vorne). Eine deutliche Steigerung ist dann erkennbar, wenn ein Vorzeigen der Aktivität erkennbar ist (also die Absicht durchdringt). Ein qualitativ höherwertiger Aspekt der Kognition ist zu erkennen, wenn die Aktivierung insgesamt begriffen und umgesetzt wird.

Die **Umsetzung** befördert Motivation, die sich so auf einen Vorgang bezieht (z.B. Ball holen, Linie einhalten, Hütchen treffen), so dass etwas voran geht. Eine Steigerung ist erkennbar, wenn die für das Vorgehen wichtige Ordnung erkannt wird. Schließlich ist eine weitere Qualität erkennbar, wenn Vorgehen und Ordnung auch auf andere Situationen übertragen werden kann. Aktivierung impliziert immer (selbst in einfachen Wiederholungen) eine Auseinandersetzung mit neuen Gegebenheiten.

Das **Entdecken** motiviert zur Wahrnehmung zunächst der unmittelbaren Materialität, die sich anfühlt, zu hören und zu sehen ist (wenn z.B. das Hütchen auf den Boden poltert oder wenn der Igelball geführt und gespürt wird). Eine Steigerung ist erkennbar, wenn eine strukturelle Verbindung zwischen der Aktivierung und der Umwelt hergestellt wird (z.B. Schwierigkeit des Treffens mit größerem oder kleinerem Ball). (Eine Vorstufe der Entdeckung stellt die Empfindung dar, z.B. beim Rhythmus der Musik und der Schritte.) Schließlich kann die Öffnung der Wahrnehmung daran erkannt werden, dass Modifikationen oder andere Wege versucht werden.

Praktische Merkmale, Indikatoren:

Praktische Merkmale können ausgemacht werden in der Art und Weise, wie Aktivierung in Gang kommt und welchem Antrieb sie folgt.

Festgestellt wurde ein unmittelbarer Impuls der **Wiederholung**, der als basale Bestätigung der Anwesenheit und des Lernprozesses (also als Basis der Teilnahme) zu erkennen ist. Eine Steigerung ist erkennbar, wenn dieser Impuls abgesichert wiederholt werden kann. Eine neue Qualität erreicht die Wiederholung, wenn daraus ein Muster wird, das in gewisser Zeit erkennbar zur Verfügung steht und abgerufen werden kann.

Praktisch zeigt sich Aktivierung im Zusammenwirken, in der **Interaktion**, die zunächst als Unterstützung motivierend praktiziert wird (wenn z.B. Teilnehmer zu Beginn oder beim Laufen mitgenommen oder zum Mitmachen aufgefordert werden). Eine deutliche Steigerung ist erkennbar, wenn sich die Kommunikation entfaltet (z.B. durch Hinweise, was jeweils zu tun oder zu unterlassen ist). Schließlich stellen die Absprachen und Klärungen eine neue Qualität dar, sofern damit die Bedingungen der gemeinsamen Aktivierung in den Blick geraten (z.B. wie die Größenunterschiede besser zu erkennen sind).

Direkter auf die Zielsetzungen der praktischen Aktivierung ausgerichtet sind Merkmale, in denen das **Bewirken** erkennbar ist. Damit sind zunächst unmittelbare Zusammenhänge gemeint, in denen Effekte mit dem eigenen Tun verbunden werden (z.B. fester Wurf, klarer Treffer bei den Hütchen). Soll etwas bewirkt werden, muss Aktivierung begonnen werden. Daher ist der erkennbare Beginn ein deutliches Merkmal praktischer Aktivierung. Eine qualitative Steigerung ist erkennbar, wenn die Aktivierung entschlossen begonnen wurde und gelingt.

Regulative Merkmale, Indikatoren:

Regulative Merkmale können ausgemacht werden in der Art und Weise, in der Inhalt und Zielsetzung der sportlichen Aktivierung festgehalten, abgesichert, modifiziert oder selbst bestimmt werden.

Festgestellt wurde, dass sportliche Aktivierung nicht beliebig und zufällig angeboten und praktiziert wird. Das **Festhalten** an einer eingeführten Aktivität ist zunächst eine Basis, die Irritationen, Verunsicherungen und Ängste möglichst einschränkt (v.a. positives Erleben fördert und Versagen vermeidet). Eine Steigerung ist erkennbar, wenn dieses Festhalten auf die zugrundeliegende Funktion reduziert wird (also z.B. auf das Treffen der Hütchen). Schließlich ist zu erkennen, wenn diese Sicherheit auf den gesamten Vorgang bezogen wird (z.B. auf ein Spiel, das nun von anderen Teilnehmern konkretisiert wird, wie z.B. welches Obst geerntet werden soll). Sportliche Aktivierung erfolgt nicht im ‚luftleeren Raum‘, sondern in Umgebungen und Situationen, die einbezogen werden.

Festzustellen sind **Folgerungen**, in denen zunächst unliebsame abgewehrt werden und ein Schutz aufgebaut wird. Eine qualitative Entwicklung ist erkennbar, wenn die eigene Aktivität herausgestellt und die eigenen Schritte mit diesen Folgerungen verbunden werden (was passiert, wenn ich nicht das Hütchen, sondern eine Fensterscheibe treffe; ich will nicht meinem Partner/Mitspieler wehtun). Weitere Sicherheit wird erreicht, wenn die Zusammenhänge und entsprechende Wechselwirkungen einbezogen werden. Dann können Regeln begründet werden. In der sportlichen Aktivierung verbleibt jedoch immer ein Rest des Nichtvorhersehbaren, der Unsicherheit.

Folgerungen öffnen den Weg der **Gestaltung**. Gestaltung ist zunächst ein Aspekt, der weniger als Appell, sondern eher als Art Resilienz praktisch wird und darin erkannt werden kann (das musst man so hinnehmen). Auf einer qualitativen Ebene werden dann Modifikationen der Aktivierung erkennbar, mit denen diese leichter fällt oder besser erlebt werden. Schließlich werden Entscheidungen über den Ablauf der Aktivierung, über einzelne Bestandteile und über Umstände (Dauer, Raum, Materialien etc.) verhandelt und gefällt.

Das Kursmodell ist in Sequenzen angeordnet, die als aufsteigende Ebenen zu verstehen sind. Der Übergang zwischen den Ebenen ist eine Schwelle. Auf einer Ebene sind zwei Phasen auszumachen, in denen sich Entwicklung idealtypisch zunächst festigt und dann neu ausrichtet. Die Kurse sind jeweils auf ein Jahr konzipiert. Sie sind inhaltlich durchlässig und basieren auf einem Spiel- und Übungsrepertoire, dass offen – je nach Situation und Bedingungen – eingesetzt werden kann. Besonders am Anfang kann zu jeder Zeit eine Teilnehmer*in in den Kurs einsteigen. Die Aktivitäten auf einer Kursebene werden in dem inhaltlichen Rahmen differenziert angeboten, damit auf unterschiedliche Aspekte und Verläufe der Entwicklung eingegangen werden kann. Prinzipiell, aber praktisch selten kann zu jeder Zeit in die nächstliegende Kursebene gewechselt werden. Systematisch wird in der neuen Zusammenstellung der Kurse nach einem Jahr eine Zuordnung der Teilnehmer*innen besprochen.Entwicklungen sind immer möglich auch beim „Verweilen" auf einer Kursebene. Jeder Teilnehmer kann eine relative Entwicklung zeigen, die nach ca. einem Jahr nicht zwingend einen Übergang in die nächste Ebene begründen lässt oder notwendig macht. Die Einschätzung der relativen Entwicklung ist nicht einfach, aber anhand von Merkmalen zu entscheiden (siehe Kap.7).

Der Aufbau einer Kursstunde nach dem Zugang zur sportlichen Aktivierung (zwei Einheiten in der Ebene „Motivation) kann beispielhaft so zusammengestellt werden:

Tabelle 1 Übersicht möglicher Kursinhalte für die Schwelle „Aufbau von Motivation"

Kursphase	Aufwärmen		Hauptteil		Entspannung
	Spiele/Übungen		Spiele/Übungen		Spiele/Übungen
Kurselemente	„Der König ist krank"	Stuhlkreis mit Ballübungen	Ballübungen mit Anleitung	Wurfstationen (2 verschied.)	Angeleitete Igelballmassage
Aerobe Ausdauer				X	
Kraft			X	X	
Schnelligkeit			X	X	
Beweglichkeit	X				
Koordinative Fähigkeiten	X	X	X	X	
Entspannung					X
Psychosozial		X			X
Alltagsbezug	X	X	X	X	
Wahrnehmung (Psychomotorik)	X	X	X	X	X

Tabelle 2 Übersicht möglicher Kursinhalte für die Schwelle „Entwicklung von Motivation"

Kursphase	Aufwärmen		Hauptteil		Entspannung
Kurselemente	Spiele/Übungen		Spiele/Übungen		Spiele/Übungen
	„Der König ist krank"	Innenstirnkreis mit Ballübungen	Ballübungen mit Eigenanteil	Wurfstationen (2 verschied.)	Angeleitete Igelballmassage
Aerobe Ausdauer				X	
Kraft			X	X	
Schnelligkeit			X	X	
Beweglichkeit	X				
Koordinative Fähigkeiten	X	X	X	X	
Entspannung					X
Psychosozial		X			X
Alltagsbezug	X	X	X	X	
Wahrnehmung (Psychomotorik)	X	X	X	X	X

Signifikante Effekte können in den sportmotorischen Parametern bei gesteigertem Umfang und nachhaltiger Teilnahme in den Testungen deutlich erkannt werden. Sie können auch in der teilnehmenden Beobachtung an bestimmten Merkmalen bzw. Indikatoren festgemacht und beurteilt werden. Schließlich können auch die Werkstattverantwortlichen (Gruppenleiter) in qualitativen Interviews klare Auskunft über Effekte der sportlichen Aktivierung geben. Dies wird in Kap. 5 erläutert.

Die Konzeption organisiert die Förderung kleiner Schritte in der Entwicklung. In dem beschriebenen Bezug zwischen Umwelt, Subjekt und Handlung können Anforderungen (vor allem im Umweltbezug) und Aufgaben (vor allem im Subjektbezug) ausgeprägt und gesteigert werden. Die irritierende Interaktion fördert (so Niklas Luhmann) Lern- und Entwicklungsprozesse, die eine durchgängige Logik hin zu Bewältigungsfähigkeiten, Empowerment und Selbständigkeit verfolgen. Die einzelnen Schritte sind in Kap. 7 näher erläutert.

4.2 Die Förderung in heterogenen Gruppen

Die Entwicklungsschritte der Teilnehmer*innen sind jedoch sehr unterschiedlich. Das von Luhmann aufgeworfene Problem der Erziehung, die nicht kann, was sie will, wird in der Konzeption des Projektes durch die ‚Schwellenlogik' angegangen, mit der Entwicklungsebenen für die sinnvoll konzentrierte Förderung eingeführt und genutzt werden können. Damit können Kursgruppen zusammengestellt werden. Dabei ergibt sich nun ein weiteres Problem: die große Heterogenität in den Kursen. Diese Heterogenität ist besonders auffällig, wenn nach Funktionstüchtigkeit beurteilt wird. Sie ist nicht besonders auffällig, wenn auf Lernprozesse orientiert wird.

Im Gegenlicht kann zunächst angeführt werden, dass „bloße Homogenität …kein Rezept für gemeinsames Musizieren" ist (Sennett 2015, S.30) In der Praxis der Kurse bestätigte sich das effektive Zusammenwirken unterschiedlicher Menschen mit unterschiedlichen Behinderungen in unterschiedlich ausgeprägter Leistungsfähigkeit. Zu beobachten war die anregende Wahrnehmung der anderen Teilnehmer*innen in ihrer Andersartigkeit. Eine Andersartigkeit, in der sich die eigene Identität besser erfassen lässt und die zugleich anhält, über gemeinsame Aufgaben und Ziele nachzudenken. Dies war unter zwei Voraussetzungen möglich: Zum einen muss die Gruppe für die Teilnehmer*innen überschaubar sein, damit sie sich nicht ängstlich verlieren. Zum anderen muss eine zugängliche Ebene der verbalen und nonverbalen Kommunikation vorhanden sein. Unserer Erfahrung nach fällt dies zusammen mit dem Zugang zu sportlicher Aktivierung überhaupt. Unter diesen Voraussetzungen ist es nicht nur möglich, sondern auch belebend und effektiv, Fördermaßnahmen in heterogenen Gruppen durchzuführen. So können Verbindungen innerhalb der Gruppen entstehen, in denen Austausch in Wahrnehmung und Verständigung, bewahrende und ermutigende Unterstützung und vor allem gemeinsame Freude über gemeinsame Lernprozesse praktiziert werden.

Zu einer solchen Struktur gehört die Kursleitung, auf deren Bedeutung noch einzugehen ist. Und zu einer solchen Struktur gehört eine inhaltliche Dynamik. Die praktischen Maßnahmen müssen eine Zielsetzung enthalten, die auf Verbesserung der Fähigkeiten aus ist und die Anstrengungen sinnvoll macht – auch wenn die Schritte klein sind und viele Schwankungen zeigen.

5. METHODISCHE GRUNDLEGUNG

Das gesamte Projekt ist nicht nur interdisziplinär angelegt, es folgt auch einer theoretisch ausgewiesenen, praktisch und inhaltlich intendierten Absicht. Damit sind hohe Anforderungen an das methodische Vorgehen gestellt. Denn die Orientierung auf die Umsetzung von Inklusion und in der Folge auf die Umsetzung der Forschungsergebnissen impliziert den Wunsch, dass der Verwendungszusammenhang etwas Gutes birgt und die Forschungen wertvoll sind. Daher ist eine ausführliche Begründung für diese Wertung angezeigt, wie sie hoffentlich in den ersten Kapiteln gelungen ist.

Umso wichtiger ist die Sorgfalt, mit der selektive Berücksichtigung oder gar Fälschung aller Voraussetzungen, Vorgänge, Ergebnisse und Auswertungen ausgeschlossen werden kann. In jedem Schritt wurden die Absichten und Folgerungen dokumentiert, im Steuerkreis der Kooperation vorgestellt und im Team hinterfragt. Das methodische Vorgehen nutzte standardisierte Verfahren in Testungen, halbstandardisierte Verfahren in den Interviews und dokumentierte ausführlich teilnehmende Beobachtungen. Auch wenn Objektivität im thematischen Zusammenhang nicht einfach zu garantieren ist, so ist doch die Überprüfbarkeit der Ergebnisse weitgehend möglich.

Ein großes Gewicht beansprucht die teilnehmende Beobachtung, weil auf diese Weise die Qualität des Projektes verfolgt und überprüft werden kann. Werden die Maßnahmen in der alltäglichen Wirklichkeit der Kurse tatsächlich durchgeführt und zugleich beobachtet und wird dieses sorgfältig dokumentiert, dann können die Erfahrungen und Effekte erfasst und beurteilt werden.

Methodisch stellt sich die Rolle der Kursleitungen als besonders wichtig heraus. Ihre subjektive Nähe zu der Sinnhaftigkeit gewährleistet ebenso eine effektive Maßnahme wie ein eigenes Interesse an aussagestarken Ergebnissen. In dem Projekt wurde diese Rolle dadurch unterstützt, dass immer zwei Kursleiter*innen in der praktischen Leitung und eine in der schriftlichen Notation hauptsächlich beschäftigt waren, während beide sich zusammen auf die schließliche Dokumentation verständigten. Im Sinne der Grounded Theory wurden so die Methoden an die praktische Maßnahme angepasst. In jedem Fall wurde versucht, die jeweils bewertenden Eindrücke als solche erkenntlich zu machen.

In dem praktisch-methodischen Vorgehen wurde sehr genau darauf geachtet, dass mit den Maßnahmen selbst und besonders mit den Teilen, die der wissenschaftlichen Begleitung geschuldet sind, keine Gefährdungen für die Kursteilnehmer*innen verbunden waren. Allerdings muss in diesem Forschungsfeld berücksichtigt werden, dass eine informierte Einwilligung der Teilnehmer*innen weitgehend undurchführbar ist. Dies erhöht die Verantwortlichkeit der Kursleitung.

Diese Verantwortung kann mit einem konsequent kritischen Ansatz angenommen werden. Ein kritischer Ansatz ist im thematischen Zusammenhang in verschiedener Hinsicht wichtig: Zum einen ist sicherlich die Kritik an überkommenen Sichtweisen und Positionen gefordert. Eine einfache Übernahme defektorientierter und diskriminierender Annahmen kann nicht akzeptiert werden. Dann ist Kritik an der gesellschaftlichen Wirklichkeit der Menschen mit Behinderung selbst in der westlichen Zivilisation gefordert. Aber auch eine kritische Auseinandersetzung der Forscher mit den eigenen Ansatzpunkten und Vorgehensweisen ist dringlich, damit weder Verklärung noch Ignoranz die Wertung prägen.

Vor allem diese Bedeutung der Kritik in dem methodischen Kontext des Projektes legte die Methode der Triangulation nahe (U. Flick 2004). In der vorliegenden Konzeption war teilnehmende Beobachtung der reale Bezug zu den Maßnahmen, in dem zugleich die inklusiven Interaktionen erfasst wurden; die Testungen waren nachvollziehbarer Hinweis auf Entwicklungen, die vor allem wieder in Bezug zur teilnehmenden Beobachtung Erklärungskraft erhielten; die Interviews stellten die Beziehung zur betrieblichen Praxis her und verwiesen insbesondere auf allgemeine Effekte.

5.1 Prozesse und Praxis

In den Bewegungs- und Sportmaßnahmen sollen Entwicklungen und Lernprozesse erkennbar werden. Hierzu wurden sport- und gesundheitswissenschaftliche Konzepte gesichtet und ausgewertet. Die Vorgehensweisen und Ausrichtungen der Maßnahmen wurden unter methodischen Aspekten untersucht: inwieweit und wie solche Entwicklungen und Lernprozesse festgehalten werden können.[14]

Die Basis bildeten zunächst vorhandene Kursangebote der Werkstatt in ihrer zeitlichen Struktur und veröffentlichte Konzepte zur sportlichen Aktivierung von Menschen mit geistiger Behinderung sowie Spiele- und Übungssammlungen aus der (Sport)Pädagogik (vgl. Kosel & Froböse 1999, Will & Dahlmanns 2004, Döbler & Döbler 2004, Zimmer 2002, Hohmann et al 2005, Zimmer & Zimmer 2006). In der Entwicklung und Zusammenstellung der Programme für die Maßnahmen wurden die Kernziele von Gesundheitssport berücksichtigt. Dabei geht es um die Stärkung von physischen und psychosozialen Gesundheitsressourcen, die Verminderung von Risikofaktoren insbesondere für das metabolische Syndrom, die Bewältigung von Beschwerden und Missbefinden, den Aufbau und die Bindung an gesundheitssportliche Aktivität sowie die Schaffung und Optimierung unterstützender Settings (vgl. DOSB 2016; Brehm & Bös 2006, S.21 ff).

Die motorischen, kognitiven, sozialen und emotionalen Anforderungen von Bewegungs- und Sportaktivität bieten nicht nur vielfältige Fördermöglichkeiten für die Zielgruppe der körperlich inaktiven Menschen mit geistiger Behinderung. Die positiven

---

[14] Die wichtigen Projektbeschreibungen sind im Folgenden entnommen aus: Joanna Wiese: Ressourcenentwicklung durch spezifische sportliche Aktivierung als Ziel der betrieblichen Gesundheitsförderung. Eine Evaluation in Werkstätten für behinderte Menschen.- Diss. Univ. Bremen 2016

Effekte von sportlicher Aktivierung für deren Fitness sind darüber hinaus hinreichend belegt und auch für die Steigerung der Leistungsfähigkeit durch gezieltes, leistungs- und funktionsorientiertes Training, gibt es empirische Befunde (vgl. Wegner 2013, S.353). Sind die Bewegungs- und Sportprogramme auf die Erhöhung der körperlichen Funktionalität ausgerichtet, sind zwar einzelne Funktionsveränderungen zu erkennen, jedoch werden Potenziale, soziale Unterstützung und Dynamik nicht erfasst. Die spezifische sportliche Aktivierung ermöglicht hingegen, differenzierte Aktivierungs- und Entwicklungsvorgänge festzustellen. (vgl. Meseck et al 2015, S.6; Fuchs 2003, S.5).

Die gesundheitsförderliche Wirksamkeit der Maßnahmen gelingt mit der spezifischen Ausrichtung an den Merkmalen und Bedürfnissen der Zielgruppe. Die Einbeziehung und Ausrichtung an den Bedingungen, die sich aus der Zielgruppe und dem sozial-räumlichen Setting ergeben, erhöht dabei insgesamt die Nachvollziehbarkeit und Reproduzierbarkeit der Maßnahmen (vgl. Fuchs 2003, S.147 f). Die Orientierung an den Bedingungen kann auf institutioneller, sozialer und individueller Ebene erfolgen und sinnvoll miteinander verbunden werden. Auf institutioneller Ebene ist in der Werkstatt für behinderte Menschen für barrierefreie Zugänge zu den Räumlichkeiten, die Bereitstellung von genügend Material zur Gestaltung der Inhalte und die systematische Einbindung der sportlichen Aktivierung in den Arbeitsalltag Sorge zu tragen. Auf sozialer Ebene spielen nachvollziehbare und qualitative Prozesse in der Planung und Durchführung eine bedeutende Rolle. Die Koordination im Setting, die Kooperation mit beteiligten Akteuren und die Flexibilität von organisatorischen und inhaltlichen Vorgängen, tragen auf dieser Ebene zum Gelingen bei. Auf individueller Ebene ist die Entwicklung von Ressourcen abhängig von der Nutzung vorhandener Kompetenzen. Dies bildet die Basis für inhaltlich differenzierte Vorgehensweisen und Beobachtungen in der sportlichen Aktivierung. Im Forschungsprojekt wurde die ‚Binnendifferenzierung‘ innerhalb der verschiedenen Kurse mit der Variation einzelner Programminhalte konkretisiert. In dieser spezifischen sportlichen Aktivierung werden vorhandene Entwicklungsstände ausgemacht und berücksichtigt, indem die möglicherweise davon ausgehenden Veränderungen von zentraler Bedeutung sind. Mit angemessen gesteigerten Komplexitäten und Anforderungen, wurden die Programme fortlaufend weiterentwickelt und ausgebaut. Die inhaltlichen und strukturellen Differenzierungen und die Einbeziehung aktueller Bedarfslagen, ermöglichten die spezifische Förderung der Teilnehmer. Die Beachtung der Mehrdimensionalität von Entwicklungen löst dabei eine ausschließliche Konzentration auf Stärken oder Schwächen der einzelnen Teilnehmer ab. Diese Zusammenhänge können beobachtet, identifiziert und bewertet werden.

5.2 Triangulation

Die Durchführung der Maßnahmen erfolgte mit Teilnehmern unterschiedlichster Leistungsstände und wurde mit qualitativen sowie quantitativen Methoden wissenschaftlich begleitet. Alle Vorgänge der Durchführung, Begleitung und Überprüfung wurden vollständig dokumentiert, um diese transparent zu machen und die intersubjektive Überprüfbarkeit der Intervention sicherzustellen (vgl. Bortz & Döring 2009: 32).

Die quantitativen und qualitativen Methoden wurden in der Triangulation, einem multimethodischen Vorgehen, kombiniert. Damit wurden die Überprüfung der Maßnahmen aus verschiedenen Perspektiven, eine objektive und aussagekräftige Darstellung, sowie die Erklärung ihrer Wirkungen angestrebt. Die komplexe Verschränkung von qualitativen und quantitativen Methoden im Analyseprozess dient einer gegenseitigen Unterstützung der Einzelresultate und einem Endergebnis, das sich aus der Schnittmenge dieser Resultate ergibt (vgl. Lamnek 2010, S.252, zit. nach Mayring 2001). Diese Methode erhöht dadurch die Solidität des Vorgehens. Es werden subjektive Blicke auf einen Vorgang, durchaus interessierte Absichten, mit strukturellen und interpretativen Perspektiven verbunden. Nach Flick handelt es sich um eine Strategie, die zu einem tieferen Verständnis des untersuchten Gegenstandes führt.

„Diese Perspektiven können in unterschiedlichen Methoden, die angewandt werden, und/oder unterschiedlichen gewählten theoretischen Zugängen konkretisiert werden, wobei beides wiederum miteinander in Zusammenhang steht bzw. verknüpft werden sollte. Weiterhin bezieht sie sich auf die Kombination unterschiedlicher Datensorten jeweils vor dem Hintergrund der auf die Daten jeweils eingenommenen theoretischen Perspektiven. Diese Perspektiven sollten so weit als möglich gleichberechtigt und gleichermaßen konsequent behandelt und umgesetzt werden. Gleichermaßen sollte durch die Triangulation (etwa verschiedener Methoden oder verschiedener Datensorten) ein prinzipieller Erkenntniszuwachs möglich sein" (Flick 2004, S.12).

Gerade in den Interventionen, die in Werkstätten durchgeführt werden und die Menschen mit geistigen Behinderungen einbeziehen, erscheint ein solches methodisches Vorgehen angezeigt. Die verschiedenen Aspekte der Intervention können so mit unterschiedlichen theoretischen Annahmen dokumentiert und analysiert werden. Zugleich können diese unterschiedlichen Ansätze miteinander verbunden und zur Erweiterung und Stabilisierung des Ergebnisses führen. *„Triangulation meint immer, dass man versucht, für die Fragestellung unterschiedliche Lösungswege zu finden und die Ergebnisse zu vergleichen"* (Mayring, 2002, S. 147).

Die verschiedenen Perspektiven wurden konkretisiert in der Durchführung sportmotorischer Tests (quantitativ), in der teilnehmenden Beobachtung der Maßnahmen (qualitativ) und in problemzentrierten Interviews (qualitativ). Mit der Triangulation dieser Methoden konnte das Erkenntnisinteresse auf unterschiedlichen Ebenen verfolgt werden.

Überblick methodische Begleitung der Praxisphasen an den Werkstätten erfolgt durch:

1. Wöchentliche Dokumentation der praktizierten Kurseinheiten

2. Führung von Teilnehmer-Profilbögen

3. Sportmotorische Tests im dreimonatigen Rhythmus

5.3 Teilnehmende Beobachtung

Für eine Überprüfung qualitativer Entwicklungsprozesse dokumentierten die Projektmitarbeiter sowohl gruppen- als auch personenbezogene Entwicklungsverläufe mit Beobachtungsprotokollen. Es wurde zunächst mit einer offenen, nichtstrukturierten Vorgehensweise begonnen. Im Verlauf des Forschungsprozesses wurden dann verschiedene Beobachtungskategorien gebildet, um die Qualität der Entwicklungen anhand bestimmter wiederkehrender Merkmale bzw. Indikatoren erkennen, als Ergebnis sichern zu können, eine strukturierende Differenzierung vorzunehmen und eine (quantifizierende) Einschätzung der Relevanz vornehmen zu können

Die qualitativen Beobachtungen zielten zugleich darauf, Informationen und Erklärungen für verschiedene Entwicklungsvorgänge im Rahmen der Teilnahme ordnen zu können und nützliche Hinweise für die weitere Praxis zu erlangen.

- Dokumentiert werden Abläufe und Inhalte der Kurse. Es handelt sich um Merkmale, die in der sportlichen Aktivierung ausgeprägt werden können und in der Arbeits- und Lebenswelt der Teilnehmer von Bedeutung sind.

- Entwicklungsvorgänge werden anhand der Bewältigung der jeweiligen Anforderungen des Programms erkannt (siehe nachfolgende Beobachtungstabelle) und durch Beobachtung erforscht.

- Für die Bewertung erfolgreicher Förderung sind die teilnehmenden Beobachtungen, Testungen und sorgfältige Dokumentation (der Praxis und vor allem der jeweiligen *Zielerreichungen*) entscheidend.

Erläuterung zum Bild:
Die Gruppe ist in zwei Teams geteilt. Team „rot" hat die Aufgabe so schnell wie möglich alle roten Gegenstände, die zuvor von der gesamten Gruppe im Raum verteilt worden sind einzusammeln. Team „blau" entsprechend die blauen Gegenstände. In der Mitte ist zu erkennen, dass die KLeiner sitzenden TN einen Ball zuwirft, die sich daraufhin erhebt um den Ball fangen zu können. Der TN im Vordergrund wirkt noch etwas ratlos bezüglich der Aufgabenbewältigung und schaut einer bereits aktiven TN zunächst zu. Es dient ihm als Orientierung, um im weiteren Verlauf ebenfalls aktiv in das Spiel einzusteigen. Dies wird u.U. einige Runden dauern.

Abbildung 10: Ein Kurs mit dem Schwerpunkt Motivation in der Hauptphase

Teilnehmende Beobachtung im Kollektiv der Kurse

Die gruppenbezogenen Beobachtungen dokumentierten das jeweils durchgeführte Kursprogramm. In allen Kursen wurde das Programm von einem Projektmitarbeiter stichpunktartig, anhand des folgend dargestellten Beobachtungsbogens dokumentiert und im Anschluss als Freitext ausformuliert.

Die qualitative Beobachtung im Gruppenzusammenhang konzentrierte sich auf die sozialen Interaktionen der Teilnehmer untereinander und mit den Projektmitarbeitern in der Rolle der Kursleitung.

Die Projektmitarbeiter wurden an den unterschiedlichen Betriebsstätten der Werkstatt für die Durchführung und Dokumentation der Maßnahmen eingeteilt und kamen wöchentlich zu einem Diskurs über aktuelle Erfahrungen und beobachtete Vorgänge zusammen. Dabei konnte die Intervention in einen angemessenen kommunikativen Kontext gebracht werden und sich auf einheitliche Methoden im weiteren Vorgehen verständigt werden.

Tabelle 3 Beobachtungsprotokoll für die Teilnehmende Beobachtung in den Kursen

Datum: Betriebsstätte: Kursschwelle: Kursleitung: DokumentatorIn:	Aufwärmteil der Stunde	Hauptteil der Stunde	Entspannungs-teil der Stunde
Inhalte/Spielbeschreibung			
Verwendete Geräte			
Bekanntheitsgrad des Spiels (wie oft durchgeführt)			
Verständlichkeit/ Umsetzbarkeit			
Interesse/Motivation der Teilnehmer			
Aktivität der Teilnehmer			
Interaktionen der Teilnehmer untereinander + Konsequenz			
Reaktionen der Teilnehmer auf Neues oder Außergewöhnliches			
Differenzen zwischen Gesagtem/ Gefordertem und Umsetzung			
Art der Umsetzung (abguckend/ verstehend/mit Unterstützung etc.)			

Personenbezogene Beobachtung der Teilnehmer

Die qualitative Beobachtung personenbezogener Entwicklungsverläufe erfolgte im Rahmen der Führung von Profilbögen, die für alle Teilnehmer angelegt wurden. Die Dokumentation umfasste Alter, Geschlecht, Behinderungsart und Besonderheiten der Teilnehmer. Die personalisierten Daten wurden aus den Personalakten des Martinshof Bremen entnommen, anonymisiert und vertraulich behandelt. Im Forschungsprozess konnten anhand der Profilbögen individuell angemessene Anforderungen ermittelt, Entwicklungsmöglichkeiten prognostiziert und die Zuordnung zu den verschiedenen Kursen transparenter gestaltet werden. Individuelle Entwicklungsverläufe konnten chronologisch nachvollzogen und als Zwischenergebnisse präsentiert werden.

Die Beobachtungen wurden während der Kursdurchführung stichpunktartig und anschließend ausführlicher von den Projektmitarbeitern dokumentiert. Es wurde sich an den in Tabelle x dargestellten Kategorien orientiert.

Tabelle 4 Orientierung für die personenbezogene Teilnehmende Beobachtung (Profilbogen Teilnehmer)

Name	Pseudonym
Geburtsdatum	
Art und Grad der Behinderung	
Seit wann in der Werkstatt beschäftigt	
Beschäftigungsart	
Besonderheiten	
Kategorie	**Datum**
Physische Auffälligkeiten	
Psychische Besonderheiten	
Soziale Situation (besondere Umstände)	
Veränderte Verhaltensweisen (kurzfristig)	
Erkennbare Entwicklung (langfristig)	
Beteiligung am Kursgeschehen (aktiv/passiv, negativ/positiv etc.)	
Ereignisse mit der Kursleitung	
Besondere Ereignisse	
Verhalten der Kursleitung dem Teilnehmer gegenüber (z.B. stark unterstützend, distanziert, kumpelhaft etc.)	

5.4 Problemzentrierte Interviews

Die qualitativen Befragungen der beteiligten Fachkräfte zur Arbeits- und Berufsförderung in Werkstätten wurden in Form von problemzentrierten Leitfadeninterviews am Ende der dritten Praxisphase durchgeführt. Während sich die anderen Methoden zur Überprüfung der angestrebten Effektivität auf die Teilnehmer und das Kollektiv des Kurses konzentrierten, sollten in den Interviews verallgemeinerbare Aussagen und zusammenfassende Bewertungen der Maßnahmen in den Strukturen und Abläufen des Settings ermittelt werden. Zielsetzung war die Überprüfung, welche Auswirkungen zuständige Fachkräfte in den Arbeitssituationen wahrnehmen und beurteilen konnten.

Im Gesamtverlauf des Forschungsprojektes waren mehrere Fachkräfte zur Arbeits- und Berufsförderung durch Teilnehmer aus ihrem Zuständigkeitsbereich (Gruppen in der Produktion und im Berufsbildungsbereich) mit der Durchführung der Maßnahmen befasst. In einem Anschreiben wurden alle FAB über die Evaluation des Forschungsprojektes informiert und um eine auf Freiwilligkeit beruhende Zustimmung zu den problemzentrierten Interviews gebeten. Es zeigte sich großes Interesse, sodass an beiden Betriebsstätten je drei, nach unterschiedlicher Kompetenz ausgewählte Fachkräfte interviewt werden konnten.

Die Interviews wurden von je einem Projektleiter und einer Projektmitarbeiterin gemeinsam durchgeführt und mit einem Diktiergerät aufgezeichnet. Anschließend wurden die Tondaten paraphrasiert und nach Problemzusammenhängen geclustert.

Der leitfadenbasierte Fragenbogen gliederte sich in drei Abschnitte. Im ersten Abschnitt wurden die berufliche Tätigkeit und der Zuständigkeitsbereich innerhalb der Werkstatt für behinderte Menschen erfragt. Daraus erfolgte die Überleitung in konkrete Aufgabenbereiche und Umgangsformen mit der Arbeitsgruppe aus dem Zuständigkeitsbereich. Im letzten Teil wurde spezifisch auf subjektive Eindrücke und Erfahrungen mit den Projektmaßnahmen, speziell auf die einzelnen Mitglieder ihrer Arbeitsgruppe, eingegangen.

Leitfaden Gruppenleiterinterview Martinshof
Deckname
Aufgabe/Einsatzgebiet:
Fragenkomplex 1: Anamnese - Berufliche Tätigkeit und Zugang zu MmgB
Bitte beschreiben Sie Ihren beruflichen Werdegang und wie Sie zur Arbeit mit MmgB gekommen sind. Verbinden Sie ein persönliches Anliegen mit dieser Arbeit? Konkrete Motive für die Berufswahl? Gab es Veränderungen?

Fragen:
- Was sind Ihre Haupttätigkeiten im Arbeitsalltag?
- Welche Arbeitsprozesse führen sie dort aus?

- Geben Sie selbst Kurse für MmgB? (Außer- oder innerbetrieblich)

- Welche Beeinträchtigungen und Behinderungen haben die Beschäftigten in Ihrer Arbeitsgruppe? Welche Fähigkeiten und Potentiale sind vorhanden? (Hier soll erfragt werden wie gut die GL ihre Beschäftigten kennen und ihren Fähigkeiten entsprechend einsetzen, bzw. die Arbeitsanforderungen anpassen)

- Wie lange bleiben die MmgB in Ihrer Arbeitsgruppe? Welches sind mögliche Entwicklungen?

- Wie würden Sie Ihre Rolle(n) als Gruppenleiter insgesamt beschreiben?

- Wie verhalten sich die Verantwortlichkeiten den Beschäftigten gegenüber zu den Anforderungen der Werkstattleitung? Wie werden sie ihnen gerecht? Ist beides zu vereinbaren?

- Was haben sie in ihrer Arbeitstätigkeit ‚dazu' gelernt - was also bringt die Praxis und die Erfahrung, welche nicht in der Ausbildung vermittelt werden?

Fragenkomplex 2: Eigene Beobachtungen/Einschätzungen der eigenen Arbeitsgruppe/der eigenen Tätigkeit (Pendant zu Kursleitereinschätzung)

Fragen:

- Welches sind die alltäglichen Schwierigkeiten in den Arbeitsvorgängen? Wie gehen sie damit um?

- Was fördert die Bewältigung von Arbeitsvorgängen? Worin bestehen Förderpotentiale? Wie kann man das unterstützen?

- Welche Rolle spielen Tagesformen der Beschäftigten? Welchen Einfluss haben Ereignisse innerhalb und außerhalb der AG?

- Welchen Einfluss haben direkte Arbeitsbedingungen (Kommunikation und Isolation in der AG, Konzentration auf Arbeitsvorgänge) oder indirekte Arbeitsbedingungen (Urlaub, Pausen, Struktur, Konsumangebote, Wege, Treppen) auf die Arbeitsleistung? Können diese durch sportliche Aktivierung beeinflusst werden? (störend oder hilfreich?)

- Gibt es Konflikte in der AG? Wie ist der Umgang damit?

- Können/konnten Sie im Verlauf der Jahre individuelle Entwicklungen bei Gruppenmitgliedern feststellen –und woran? (physisch, psychisch, sozial)

- Wie und wodurch können MmgB nach Ihrer Auffassung am besten gefördert werden? Was beeinflusst persönliche Entwicklungen im negativen Sinn?

- Sehen sie einen Zusammenhang zwischen dem Erleben von Freude/Spaß und der Leistungsfähigkeit bei MmgB? (Ansprechbarkeit, Konzentrationsfähigkeit, Geduld) Woran kann man diesen festmachen?

- Sind Befindlichkeiten und Tageformen beeinflussbar? (Anwesenheit – Ansprechbarkeit – Höhe der Aktivität – Eigenaktivität – Konzentration – Zufriedenheit)

Fragenkomplex 3: Einschätzung Entwicklung einzelner TN, Bedeutung Bewegungs- und Sportkurse allgemein/spezifisch = Projektbezug

In Ihrer Arbeitsgruppe ist/sind (ein/mehrere) Teilnehmer an Bewegungs- und Sportkursen, die im Martinshof angeboten werden.

Fragen:

- Gehen die Teilnehmer gerne zum Sportkurs? Sprechen sie über den Sportkurs und wenn ja, was berichten sie?

- Wie verhalten sich die Teilnehmer, wenn sie vom Sportkurs zurückkommen? Gibt es eine Veränderung zu ihrem Verhalten vorher?

- Konnten Sie seit Beginn der Teilnahme an dem Sportkurs Entwicklungen beobachten? (Sozialverhalten, Stimmung/Wohlbefinden, Ansprechbarkeit, Konzentrationsfähigkeit, Leistungsfähigkeit/Selbstwertgefühl, Motorik/Koordination wie z. B. räumliche Orientierung)

- Konnten Sie kurz- oder langfristige Veränderungen in der Arbeitsgruppe feststellen? Wenn ja: worauf führen Sie diese zurück? (Sport, andere Fördermaßnahmen, Einflüsse innerhalb der AG, andere)

- Haben Sie Kontakt mit den Sportkursleitern bzw. gibt es Gespräche über die TN in den Sportkursen? Wenn ja: worüber sprechen Sie?

- Sind die Sportkurse eher eine Bereicherung für die TN und die AG?

- Sind die Sportkurse eher eine Störung der Arbeitsprozesse?

- Beobachten sie einen Transfer von erlernten Fähigkeiten und Handlungen in die Arbeitstätigkeit? (Effekt)

- Haben Sie Anregungen, was aus Ihrer Sicht verändert werden sollte?

Abschlussfrage:

Möchten sie vielleicht noch etwas ergänzen, was ihnen persönlich wichtig ist?

Abbildung 10: Aus den Kursen

5.5 Sportmotorische Tests

Motorische Fähigkeiten werden differenziert in konditionelle (überwiegend energetische) und koordinative (überwiegend informationsorientierte) Fähigkeiten. Die auch als ‚Grundeigenschaften' bezeichneten motorischen Fähigkeiten werden auf einer weiteren Unterscheidungsebene nach Kraft, Ausdauer, Schnelligkeit, Beweglichkeit und Koordination differenziert (vgl. Bös et al 2001: 2). Orientiert an den Basisaufgaben für die Testung von motorischen Fähigkeiten (ebd.: 6, zit. nach Beck & Bös 1995) und den Zielen von Gesundheitssport (vgl. Bös & Brehm 2006), wurde eine Testbatterie aus mehreren Einzeltests zur Überprüfung der sportmotorischen Fähigkeiten der Teilnehmer zusammengestellt.

Die Durchführung erfolgte jeweils vierteljährlich, wobei die Reihenfolge der Einzeltests während der Testphasen beliebig war. Begonnen wurde nach Möglichkeit parallel mit dem Start der Praxisphasen, beziehungsweise unmittelbar nach dem Einstieg in die Maßnahme (Quer- und Wiedereinsteiger), um das Ausgangsniveau (T0) der Teilnehmer zu dokumentieren. Ab der zweiten Praxisphase wurden zusätzliche Testphasen nach der Weihnachtspause eingeführt, um Effekte längerer, potenziell inaktiver Pausen aufzudecken. Insgesamt liegen damit für einige Teilnehmer*innen, die drei Jahre verschiedene Kurse durchlaufen haben, Ergebnisse aus bis zu 13 Messzeitpunkten vor.

Für die Organisation und Dokumentation wurden je mindestens zwei Projektmitarbeiter eingesetzt. Die Durchführung der Tests brachten eigene Kontextbedingungen und die Teilnehmer beanspruchten eine unterschiedlich intensive Begleitung für die Ausführung der Tests – dies war in der Dokumentation zu berücksichtigen.

Die Durchführung erfolgte zunächst zu den regulären Kurszeiten. Da sie sich jedoch als relativ zeitaufwendig erwies und zum Teil mehr als drei Kurseinheiten (drei Wochen) benötigte, wurde nach der ersten Praxisphase eine Testwoche eingeführt. Die Testungen wurden in dieser Woche kompakt mit jeweils zwei bis drei Teilnehmern durchgeführt. In Rücksprache mit der Geschäftsleitung wurden die Beschäftigten dazu für zusätzliche 30-45 Minuten von der Arbeit befreit.

Die regulären Kurszeiten konnten dann wieder durchgängig für die grundsätzlich vorgesehenen Programme zur sportlichen Aktivierung genutzt werden. Fehlende Testergebnisse sind mit Abwesenheit aufgrund von Krankheit oder Urlaub und Verweigerung der Testpersonen begründet.

In Tabelle 5 sind die Einzeltests mit den jeweils zu testenden Fähigkeitsbereichen, den konkreten Aufgaben in der Ausführung für die Testperson und dem Messvorgang für die Testdurchführenden dargestellt.

Tabelle 5 Übersicht der sportmotorischen Tests im Forschungsprojekt (vgl. Bös et al 2001)

Testname	Fähigkeitsbereich	Testaufgabe	Messwertaufnahme
6-min-Lauf	Aerobe Ausdauer/ Lauf, Ganzkörper	In 6 Min. eine abgesteckte Fläche möglichst oft um- laufen.	Gemessen wird die in 6 Min. zurückgelegte Strecke. Laufend oder im Rollstuhl sitzend.
Standweit- sprung	Schnellkraft/ Teilkörper, untere Extremitäten	Aus dem parallelen Stand, mit beidbei- nigem Absprung, so weit wie möglich nach vorne springen.	Gemessen wird die Entfernung von der Vorderkante der Ab- sprunglinie bis zur Ferse des hinteren Fußes. Die Messwertaufnahme erfolgt in Zentimetern. Die beste Weite aus drei Versuchen wird gewertet.
Medizin- ballwurf	Schnellkraft/ Teilkörper, obere Extremitäten und Rumpf	Aus dem parallelen Stand, mit beidarmi- gem Abwurf einen 2 kg schweren Me- dizinball so weit wie möglich nach vorne werfen.	Gemessen wird die Entfernung der Abwur- flinie bis zum ersten Bodenkontakt des Balls. Die Weite wird auf 10 cm genau gemessen. Die beste Weite aus drei Versuchen wird gewertet.
Handkraft- messung/ Hand- dynamo- meter, max.	Maximalkraft/ isometrische Maximal- beanspruchung	Das Testgerät so kräftig wie möglich zusammendrücken. Die Testperson sitzt und legt den Unterarm auf dem Oberschenkel ab.	Verwendet wurde ein Ballon Manometer von Baseline. Gemessen wird die vom Testge- rät angezeigte Kraft in Kilogramm. Von zwei Versuchen pro Hand, wird jeweils der bessere gewertet.
Einbein- stand	Koordination bei Präzisionsaufga- ben/Standgleich- gewicht einbeinig	Auf einem Bein so lange wie möglich die Balance halten.	Gemessen wird die Länge der Zeit auf die Sekunde genau. Bei Erreichen von 1 Min. wird die Testperson aufgefordert das freie Bein vor und zurück zu schwingen.

Zielwerfen	Teilkörperkoordination bei Präzisionsaufgaben (Auge-Hand-Koordination, obere Extremitäten), kinästhetische Differenzierungsfähigkeit	Mit einem Tennisball möglichst in das Zentrum einer Zielscheibe werfen	Zielscheibe von Sport Thieme (150x150 cm) mit dem Zentrum in 150 cm Höhe, drei in einander liegende Kreise in fünf Felder unterteilt, Markierung der Abwurflinie auf dem Boden (3 m Entfernung); Gemessen wurde die Gesamtpunktzahl aus 10 Versuchen.
Reaktionstest	Komplexe Reaktionsfähigkeit (Koordination unter Zeitdruck und visuelle Wahrnehmung)	Drei verschieden farbige Ringe liegen gut erreichbar nebeneinander vor der Testperson. Mit einem Tennisball wird innerhalb einer Minute schnellstmöglich auf die zufällige Farbansage der testenden Person reagiert. Sobald die Testperson den Tennisball in einen Ring getippt hat, erfolgt ein neues Kommando.	Gewertet wird ein Punkt pro richtige Reaktion auf das Kommando. In die Gesamtwertung zählen alle innerhalb einer Minute erzielten Punkte. Für taubstumme Teilnehmer wurden die Farben mit farbigen Gegenständen (z.B. Bälle oder Tücher) angezeigt.
Finger-Boden-Abstand	Wirbelsäulenbeweglichkeit, Hüftgelenksbeweglichkeit und Dehnfähigkeit der rückseitigen Oberschenkelmuskulatur	Mit parallel geschlossenen Beinen und durchgestreckten Kniegelenken wird der Oberkörper so weit wie möglich nach vorne gebeugt. Dabei sollen die Hände parallel zu den Beinen nach unten geführt werden.	Gemessen wird der Abstand zwischen Boden und den Fingerspitzen (Zollstock).

Zu Beginn wurden lediglich numerische Ergebnisse aus den Tests dokumentiert. Im weiteren Verlauf des Projektes wurden die Testabläufe selbst Gegenstand der teilnehmenden Beobachtung, damit auch qualitative Veränderungen in der Ausführung beobachtet und zunächst als Hinweise auf qualitative Entwicklungsfortschritte festgehalten wurden. In der letzten Praxisphase wurde die Ausführung der einzelnen Tests in teilnehmender Beobachtung systematisch dokumentiert. Es wurden stets gleiche Bedingungen für die Durchführung geschaffen, um die Details in den Entwicklungsverläufen einfacher und eindeutiger identifizieren zu können. Sofern ein Teilnehmer beispielsweise erlernt hatte, mit beiden Beinen nach vorne oder mit Armeinsatz abzuspringen, seine Wurftechnik sichtbar verbessert oder die Konzentrationsfähigkeit gesteigert hatte, konnte dies eindeutiger gesichert werden, wenn ebendiese Details in jeder Testphase, in Ergänzung zu dem zahlenmäßigen Ergebnis erhoben wurden.

In der Literatur werden verschiedene Merkmale in der Ausführung als mögliche Fehlerquellen angegeben (Beck & Bös 1995; Bös et al 2001). Diese und weitere Merkmale wurden in der teilnehmenden Beobachtung zur Erhebung qualitativer Veränderungen in der Ausführung berücksichtigt. Sie wurden für die systematische Dokumentation zusammengestellt und wie in Tabelle 6 nachvollziehbar angewendet.

Die quantitativen Testergebnisse wurden in Form von Tabellen zusammengetragen und anschließend graphisch dargestellt, um Entwicklungsverläufe der Teilnehmer über deren gesamten Teilnahmezeitraum aufzuzeigen. Diese können anhand der Ergebnisse aus der teilnehmenden Beobachtung bei der Ausführung der Tests ergänzt und qualitativ begründet werden.

Abbildung 11: Ein Teilnehmer bei der Ausführung des Reaktionstests

Test	Spezifische Merkmale in der Ausführung
Standweitsprung	Schwung aus den Armen holen; vor dem Absprung in die Knie federn; beidbeiniger oder einbeiniger Absprung; nach hinten fallen oder abstützen in der Landung
Medizinballweitwurf	Füße verlassen den Boden beim Abwurf; Schwung holen mit dem gesamten Körper; Überschreiten der Abwurflinie; beidhändiger oder einhändiger Wurf, parallele Beinstellung oder Schrittstellung
Handkraftmessung/ Handdynamometer	Drücken mit einer Hand ohne Zuhilfenahme der anderen; Umfassen des Ballons mit der gesamten Hand
Aerobe Ausdauer	Gehen, Joggen oder Laufen der Testperson; Einhalten abgegrenzter Flächen, die umlaufen werden soll; bewusstes Über- oder Umlaufen der Markierungshütchen; Laufen mit Orientierungsperson oder nach individuellem Lauftempo; Abbrüche des Tests
Einbeinstand	Benutzung der Arme zum Ausbalancieren; Häufigkeit des Abstellens und Wiederhochnehmens des freien Beins; generelle Fähigkeit ein Bein anzuheben
Zielwerfen	Überschreiten der Abwurflinie; Wurftechnik; Wiederauffangen des Balls nach Abprall an der Zielscheibe
Reaktionstest	Häufigkeit der Fehltreffer; Farberkennungsschwächen; Nachlassen von Aufmerksamkeit und Konzentration
Rumpfvorbeuge	Verständnis für die Aufgabe; Knie durchstrecken; Gleichgewicht bei der Vorbeuge halten

6. PRAKTISCHE GRUNDLEGUNG

„Der Mensch braucht, gebraucht zu werden." (Meyer-Abich 2010, S.311) Dieses Bedürfnis nach Anerkennung korrespondiert mit der Verpflichtung, die eigenen Potenziale auszubilden. Diese Wechselwirkung von Respekt und Verpflichtung durchzieht das Leben der Bürger und des Gemeinwesens. Und es ist im Verständnis von Klaus Michael Meyer-Abich „eine Frage der politischen Intelligenz und sozialen Gerechtigkeit, auch die weniger Begabten nicht per Sozialhilfe stillzustellen, sondern sie nach ihren Fähigkeiten gesellschaftlich zu integrieren." (ebd.) Mehr noch, auch das gesundheitliche Gefälle in der Arbeitswelt könnte aufgehoben werden, wenn „alle Menschen Arbeit hätten, die sie um ihrer selbst willen täten, und mit Freude dabei wären" (ebd., S.318). Dies wiederum setzt demnach die Entwicklung der Fähigkeiten und mögliche Bildung voraus. Praktische Entwicklungs- und Lernprozesse machen den Unterschied aus, der über Barmherzigkeit hinausgeht.[15] Die Projektarbeit wollte die relative Entwicklung der Menschen mit geistiger Behinderung fördern und ihren gesellschaftlichen Beitrag anerkennen.

Die Intervention in den Werkstätten ist theoretisch in jenem „practice turn" der Sozialwissenschaften begründet, mit dem nicht von Normen oder Gesetzen aus eine Wirklichkeit gestaltet werden soll, sondern in dem die naheliegenden Möglichkeiten von Verbesserungen und Entwicklungen aufgegriffen und verfolgt werden. Daher geht vorliegende Konzeption von den Gegebenheiten der Beschäftigten, der Werkstätten und vorhandenen Kursangeboten aus und schlägt einfache Schritte vor, die Entwicklungen fördern und Inklusion konkretisieren.

6.1 Voraussetzungen in der Werkstatt

Jedwede lebendige Entwicklung ist keine Einbahnstraße und kein linearer Aufstieg. Werkstätten für Menschen mit Behinderungen (WfbM) haben Bewegungsfähigkeit, Erziehbarkeit und Wirtschaftlichkeit in der Arbeit von und mit Menschen mit Behinderung festgestellt. Sie haben damit lebendige Entwicklung ihrer Beschäftigten angenommen und traditionelle Muster der Aussonderung überwunden.

Entwicklungsförderung in WfbM will daher weg vom „Wohlfahrtsbehütungsprinzip" und baut eine Basissicherheit auf. Basissicherheit bedeutet eine Stabilisierung, die Aktivierung öffnet und die Menschen mit Behinderungen zu Subjekten ihrer Entwicklung macht. Die Stabilisierung erfolgt nicht durch Vormundschaft und nicht durch Assistenz, sondern durch stellvertretende Sorge für eigene Entwicklungen der Beschäftigten (vgl. Schaubild S.131).

---

[15] Meyer-Abich zitiert hier Goethes ‚Maximen und Reflexionen' (HA XII 385): „Toleranz sollte eigentlich nur eine vorübergehende Gesinnung sein: sie muß zur Anerkennung führen. Dulden heißt beleidigen. Die wahre Liberalität ist Anerkennung." (zit. ebd., S.319)

Stellvertretende Sorge für eigene Entwicklungen soll körperlich-geistig-soziales „Ruhigstellen" überwinden und Empfindsamkeit unterstützen. Empfunden werden eigene Kräfte und Ressourcen – in der Wahrnehmung, der körperlichen Funktionen und der Fähigkeit „etwas anzupacken".

‚Etwas anpacken' bedeutet Aktivierung, zunächst die Abkehr von „Nichtskönnen" (auch als Nichtwollen) und die Hinwendung zum Probieren (Zielvorstellung und -vorgabe). Was angepackt wird, ist anfangs möglichst offen, dann aber nicht beliebig. Die Hinwendung zum Probieren sollte machbar sein und möglichst einfache Erfolge zeitigen (positives Lernen).

Die Hinwendung zum Probieren kann – selbst wenn nicht alles und nicht gleich ‚klappt' –Unsicherheit abbauen und Fähigkeiten flexibilisieren. Muster des Erkennens und Wiedererkennens werden aufgebaut, Erfahrungen können geordnet und gewichtet werden, Handlungsmuster können bereitgestellt werden. Der spielerische Charakter unterstützt, dass das positive Erleben die Möglichkeit des Verlierens und Lernen durch Misserfolg einschließt. Auch das Erleben des Gelingens und Gewinnens ist je intensiver, je deutlicher der eigene Anteil ist.

Das positive Erleben wachsender Fähigkeiten im Probieren (nicht allein im Gewinnen) ist Kern der grundlegenden Motivation und unterstützt den Aufbau von Ressourcen. Das positive Erleben ist Kernbestandteil von spezifischen Anstrengungen in der Bewältigung von Anforderungen und Aufgaben.

Bewältigung von Anforderungen und Aufgaben erfolgt auf einer nach oben offenen Skala, ausgeprägt werden also immer relative Fähigkeiten und Ziel ist eine relative Gesundheit. Statt rigider Normalitätsunterstellungen erfolgt also in der Förderung eine angemessene Differenzierung. Hierbei werden die besonderen körperlichen, geistigen und sozialen Bedingungen nicht als Defizite berücksichtigt, sondern gehören zur Spezifik der Anforderungen und Aufgaben.

Der Bezug zu eher äußeren Anforderungen und eher inneren Aufgaben wird kollektiv hergestellt. Der Mensch ist ein soziales Wesen und wächst sowohl in einer Umwelt als auch in Beziehungen. Beide Dimensionen können in die Basissicherheit und die Bewältigungsfähigkeiten als hilfreiche Bedingungen und Unterstützungen einbezogen werden.

Die Wahrnehmung des Selbst reflektiert dann die Fremdwahrnehmung und akzeptiert eine soziale Einbettung, in der Gemeinschaft stärkt und auch moralische Verpflichtungen setzt. Teilhabe und Verantwortungsbewusstsein korrelieren.

Wie einleitend angesprochen, gibt es gute Gründe, die gerade die Werkstatt für Entwicklungsförderung dieser Art auszeichnen. „Die Werkstatt ist von alters her ein Modell für kontinuierliche Kooperation." (R. Sennett 2015, S.83) Mehr noch, sie fördert auch soziale Verantwortlichkeit in einem gemeinsamen Vorgehen.[16] Kooperation und wechselseitiger Respekt werden aufgebaut und in Begrüßungen, Würdigungen, Anleitungen oder Hilfestellungen ritualisiert.[17] Jemanden um Hilfe bitten, ist kein Eingeständnis von Abhängigkeit und Schwäche; dies nicht zu tun, wird vielmehr einer „zutiefst geschädigten Person" zugesprochen.

Die Hierarchie von Erfahrung und Verantwortung ist in der Werkstatt kein Problem, im Gegenteil. *„Bei den handwerklichen Fertigkeiten muss es einen Vorgesetzten geben, der Maßstäbe setzt und für eine entsprechende Ausbildung sorgt. In der Werkstatt wird die Ungleichheit der Fähigkeiten und Erfahrung zu einer Angelegenheit direkter zwischenmenschlicher Beziehungen. Die erfolgreiche Werkstatt schafft legitime Autorität aus Fleisch und Blut, nicht über Rechte und Pflichten, die auf dem Papier stehen."* (Ebd., S.78f) Diese handwerkliche Werkstatt klärt und festigt Bindungen zwischen Menschen. Dies ist besonders für Menschen mit geistigen Behinderungen wichtig. Sicherlich gibt es auch hier die Gefahr der bewundernden Unterwerfung. Doch diese Gefahr ist durch die Rückbindung an eigene Entwicklung und materielle Ergebnisse ein gutes Stück weit gebannt. *„Die Werkstatt des Handwerkers ist einer der Orte, an denen der neuzeitliche und vielleicht unlösbare Konflikt zwischen Autonomie und Autorität ausgetragen wird."* (Ebd., S. 112) Die Werkstatt bietet die begründete Möglichkeit, die Entfaltung der Möglichkeiten anderer Menschen ohne eine Schwächung von Autorität (in einem guten Sinn) zu fördern.

Denn in der Werkstatt steht das Herstellen, Reparieren oder Pflegen von Dingen im Mittelpunkt. Dies fördert eine Verbindung zwischen eigenen Aufgaben und materieller Umgebung. Und darin sind jeweils Qualitätsmerkmale in der eigenen Tätigkeit und den ‚Dingen' auszumachen. Menschen haben Fähigkeiten, „Dinge so herzustellen, dass sie wirklich gut sind" (ebd.).

Eine unmittelbare Verbindung zur sportlichen Aktivierung ergibt sich aus diesem Zusammenhang von Bewegung und Umwelt, der Gestaltung impliziert und qualitative Merkmale enthält. Auch sportliche Tätigkeiten müssen geübt werden und sollen vorzeigbar gelingen. Dieser sinnvolle Wirkungszusammenhang zwischen sportlicher Aktivierung und produktiver Arbeit ist vielfach belegt und wird in der Konzeption des Projektes aufgegriffen. Die Werkstatt ermöglicht auch den praktischen Bezug sportlicher Aktivierung bis hin zur Aufstellung von Regeln und der Einübung regelgeleiteten Zusammenwirken. Spielerisch können einzelne Abläufe sinnhaft erläutert, wiederholt, eingeübt und modifiziert werden. Komplexität kann im sportlichen Spiel erhöht und die Bedeutung von Einhaltung derselben so verdeutlicht werden. Die Verbindung

---

[16] „Natürliche Kooperation beginnt danach mit der Tatsache, dass wir allein nicht überleben können." (ebd., S.103)

[17] „Ritualisierte Augenblicke, die die Unterschiede zwischen den Mitgliedern einer Gemeinschaft feiern und den besonderen Wert jedes Einzelnen hervorheben, können die Säure des neidvollen Vergleichs abmildern und die Kooperation fördern." (ebd., S.117)

zwischen Werkstatt für Menschen mit Behinderung und sportlicher Aktivierung ist eng und kann für die Entwicklungsförderung genutzt werden.

Abbildung 13: Werkstatt Bremen kooperiert mit Automobilindustrie

6.2 Bestandsaufnahme im Martinshof Bremen

Jede sinnvolle Maßnahme kann nicht an den jeweiligen konkreten Bedingungen der Einrichtung vorbei geplant und umgesetzt werden. Daher hat auch das Projekt damit begonnen, eine sorgfältige Bestandsaufnahme vorzunehmen. An erster Stelle stand ein Besuch in sportbezogenen Angeboten des Martinshofes, die mit einheitlichen, standardisierten Kriterien begutachtet wurden. (Siehe Anhang)

- Allgemeine Bewertung der Aktivierung (motorisch, sozial, psychisch)

- Motivation der Teilnehmer (neugierig, eigenaktiv, nach Anstoß aktiv, abweisend)

- Bewegungssicherheit (Selbstgefährdung, Rücksichtnahme, Wiederholung)

- Handlungssicherheit (zweckdienlich, regelkonform, zielgerichtet)

- Zusammenwirken (selbstbezogen, aufeinander bezogen, Konflikte)

- Wohlbefinden (Freude, Unlust, Erschöpfung)

- Ansprache der Kursleitung (laut, sachlich, leicht verständlich)

- Methode (motorisch, kognitiv, emotional, sozial)

- Aufgaben (Geschlossen-offen, bekannt-unbekannt, einfach-schwierig)

- Vorgehen (Ermahnung, Eingreifen, Erklären, Vereinbaren, Strafen)

Zunächst ein Überblick über das gesamte vorgefundene Sportprogramm:

Tabelle 7 Ergebnisse der Ist-Stand-Analyse des Sportprogramms am Martinshof Bremen von 2012

Bewegungs- und Sportangebote in der Werkstatt Bremen				
Kurse pro Woche: 71 **Standorte: 5**		**Angebote für:** Zielgruppen: 37 Begleitmaßnahmen/Gymnastik: 29 Berufliche Qualifizierung: 4 Offenes Angebot: 1		
Kurse:	Anzahl		**Hauptnachfrage:**	
Sportarten	16			
sportliche/fitnessorientierte Bewegungsangebote	19		Fußball	8
Spiele (wenig bewegungsintensiv)	12		Walking	7
Prävention/Reha	19		Gymnastik/Tanz	5
Kombiangebote	5		Fahrrad/Boccia/Tischfußball	je 3

Insgesamt wurden dann 18 Kurse mit 132 Teilnehmer*innen an mehreren Standorten der Werkstatt beobachtet (Meseck, Milles 2014, S.149ff). Die Beobachtung wurde in jedem Kurs von zwei Mitarbeiter*innen vorgenommen und anschließend mit der Kursleitung besprochen. Hierbei ergaben sich wenige Differenzen und insgesamt ein einheitliches Bild.

Allgemeines Ergebnis

Die Gesamteinschätzung wurde je Gruppe vorgenommen; Einzelbeobachtungen wurden unter Bemerkungen festgehalten.
- TN sind überwiegend aktiv und angeregt/motiviert, weitgehend spannungs- und konfliktfreies Miteinander.
- TN sind Abläufen und Anforderungen in unterschiedlichem Maß gewachsen (Heterogenität), überwiegend positive Befindlichkeit.
- KL sind versiert in Ansprache, überwiegend wirkungsvoller Einsatz von Methoden.
- KL-Aussagen zur eigenen Vorgehensweise reichen von „keine curriculare Grundlage, die TN sollen alle in Bewegung sein" über sportartspezifisches Üben und Trainieren bis zu definierten Zielen bzw. klarer psychomotorischer Konzeption.
- KL haben alle Übungsleiterlizenzen und z. T. einschlägige Ausbildung, langjährige Erfahrung, Teilnahme an Fortbildungen.

Fazit für den Martinshof:

- guter Stand in Breite und Qualität des Angebots; Standorte haben personenabhängig und durch Rahmenbedingungen (Art der Sportstätten usw.) eigene Profile (nicht alles kann an allen Standorten angeboten werden);
- die fachliche Ausrichtung erfolgt eher nach individuellen Präferenzen und Bewertungen als nach vereinbarten und übergeordneten Standards;
- es erfolgt wenig bis keine Abstimmung über Kursinhalte und –ziele mit anderen Kursleitungen;
- es gibt keine inhaltlich und zeitlich aufbauende Kursstruktur mit Kriterien für längerfristige und aufbauende Entwicklungsprozesse.

Abbildung 14: Athlet*innen bei den Regionalen Spielen von Special Olympics 2012 in Bremen

6.3 Gesundheitsförderung im Setting

Überwiegend zeigen sich solche Interventionen als wirksam und nachhaltig, die auf eine gesundheitsförderliche Gestaltung und Beeinflussung von Bedingungen in der jeweiligen Lebenswelt, dem Setting, abzielen (vgl. GKV Spitzenverband 2014: 19; vgl. Rosenbrock & Hartung 2015, Brüggemann et al 2015: 534; Altgeld & Kolip 2014: 49; Hurrelmann et al 2016: 682).

Neben verschiedenen weiteren stellen Betriebe ein Setting für Gesundheitsförderung dar. Interventionen nach diesem Ansatz verfolgen das Ziel die gesundheitlichen Rahmenbedingungen und Kompetenzen von Einzelnen weiterzuentwickeln. Ein Teilziel ist die möglichst direkte und kontinuierliche Beteiligung der Zielgruppe (Partizipation) zur Ermittlung von Gesundheitspotenzialen und –risiken. Ein Prozess von geplanter organisatorischer Veränderung soll dann angeregt und unterstützt werden können (ebd.).

Als übergeordnetes Ziel in der arbeitsweltbezogenen Gesundheitsförderung gilt die Stärkung von gesundheitsfördernden Potentialen mit bedarfsgerechter, nachhaltiger und partizipativer betrieblicher Gesundheitsförderung. Einrichtungen der Freizeitgestaltung, z.B. mit Sport- und Bewegungsangeboten, sind dabei wichtige Partner für die Umsetzung von Maßnahmen mit diesem Anspruch.

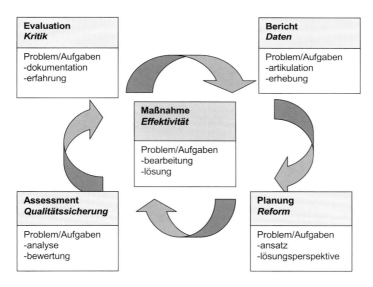

Abbildung 15: Der Prozess der Gesundheitsförderung (Milles 2016)

Die Entwicklung und Stärkung der persönlichen Handlungsfähigkeit der Subjekte soll verbunden werden mit gesundheitsfördernden Organisationsprinzipien während der Arbeitszeit. Im Sinne von Empowerment soll zu gesundheitsgerechtem Verhalten motiviert und befähigt werden. Die aktive Mitwirkung aller Beteiligten und das Verständnis von Gesundheitsförderung als Prozess, gelten als zielführend für eine nachhaltige Implementierung der Interventionen.

Dieser praktische Prozess der Gesundheitsförderung ist dann wie ein Zirkel aufzubauen, der sich um die praktische Maßnahme herum bewegt (siehe Schaubild auf S.58).

Maßnahmen der Gesundheitsförderung können laut § 20 SGBV nur dann von den Leistungsträgern des Gesundheitswesens gefördert werden, „[…] *wenn Qualitätssi-*

cherungen im Hinblick auf die Struktur-, die Prozess-, sowie die Effektqualität nachgewiesen werden." (Opper et al 2006: 154). Der GKV-Spitzenverband passt den Leitfaden Prävention kontinuierlich an neue Erkenntnisse und in der Praxis gewonnene Erfahrungen an und geht dabei von den Qualitätskriterien für die betriebliche Gesundheitsförderung der ‚European Foundation for Quality Management' aus. Nach diesen Kriterien sollten Maßnahmen nur dann gefördert werden, wenn die in Abbildung 1 dargestellten Bedingungen gegeben sind oder die Bereitschaft erkennbar ist, dass diese im Laufe des Prozesses geschaffen werden (vgl. GKV-Spitzenverband 2014: 76).

Die Einbindung der Gesetzlichen Krankenkasse als Institution des öffentlichen Gesundheitswesens begründet sich in ihrem Interesse an verallgemeinerbaren und wirkungsvollen Interventionen von Gesundheitsförderung: Laut Absatz 1 im § 20 a SGB V ‚Betriebliche Gesundheitsförderung' sind die Gesetzlichen Krankenkassen verpflichtet, den Aufbau und die Stärkung gesundheitsförderlicher Strukturen in Betrieben zu fördern. Dies schließt die Entwicklung von Vorschlägen zur Verbesserung der gesundheitlichen Situation der Versicherten und die Stärkung der gesundheitlichen Ressourcen und Fähigkeiten sowie die Unterstützung bei deren Umsetzung ein. Es soll sichergestellt werden, dass die Maßnahmen sich am betrieblichen Bedarf ausrichten und Zielgruppen, sowie Verantwortliche des Betriebes in die Planung eingebunden werden. Gesundheitliche Potenziale sollen nebst Risiken berücksichtigt werden (vgl. GKV-Spitzenverband 2014: 8 f). Dies stellt Maßnahmen von Gesundheitsförderung im Setting WfbM zunächst auf eine gesetzlich und finanziell gesicherte Grundlage.

Das Setting WfbM hat einen Gesundheitsbezug, weil es eine zentrale Lebenswelt für die Zielgruppe darstellt und in seiner ursprünglichen Funktion entwicklungsfördernd agiert. Die WfbM ist eine geschützte Einrichtung nach §§ 39ff. SGB IX. Ihr Ziel ist die Eingliederung von behinderten Menschen in das Arbeitsleben zu fördern. Die Leistungen, die darin zur Förderung der Teilhabe am Arbeitsleben erbracht werden, gliedern sich in das Eingangsverfahren, den Berufsbildungsbereich und schließlich den Arbeitsbereich. In Letzterem erfolgt nach der Feststellung eines Mindestmaßes an wirtschaftlich verwertbarer Arbeitsleistung, die Ausübung einer angemessenen Tätigkeit (vgl. Pohl & Demke 2013: 14; Brüggemann et al 2015: 634).

Die anthropologische Bedeutung von Arbeit, der Drang für die eigene Existenz zu sorgen und die physische und psychische Gesundheit als Maßstab für einen arbeitsfähigen Körper, sprechen für eine Abkehr von Verwahrung und Aussonderung von Menschen mit geistiger Behinderung in isolierten Betreuungsformen. Arbeit erleichtert soziale Beziehungen, ermöglicht einen sozialen Status und hat eine identitätsstiftende Bedeutung. Damit ist sie ein entscheidender Garant für Möglichkeiten von gesellschaftlicher Teilhabe (vgl. Stöppler 2014: 107f; BMAS 2011). Der Zusammenhang von sinnvollem Tun und der Veräußerung eines sichtbaren Ergebnisses (das Geschaffene, die getane Arbeit), lösen Gefühle von innerer Bestätigung und Nützlichkeit der eignen Fähigkeiten aus, die wiederum entwicklungsfördernd sein können. Es erscheint daher sinnvoll in dieser für die Zielgruppe bedeutenden Lebenswelt Strukturen zu schaffen, die eine Verantwortlichkeit für die eigene Entwicklung erfordern. Dies legt eine Annäherung an das salutogenetische Verständnis von Gesundheit nahe, was wie folgt überblickt werden kann:

Tabelle 8: Aktivierung und Salutogenese

Übersicht: Bezug zu Salutogenese und Public Health		
Ebenen	**Entwicklung**	**qualitative Grundlagen**
Umweltbezug	Wahrnehmen	Wahrnehmbarkeit
Handlungsbezug	Machen	Machbarkeit
Subjektbezug	Überlegen	Sinnhaftigkeit

Die Methode ist eine ressourcen- und entwicklungsorientierte Konzeption von gesundheitsförderlichen Maßnahmen zur sportlichen Aktivierung der überwiegend wenig und wenig selbständig aktiven Beschäftigten. Mit den Maßnahmen kann die Förderleistung in WfbM gewinnbringend unterstützt werden, weil sie in gewohnter Umgebung der Beschäftigten ansetzen. Die angestrebte Verhaltensänderung und Bildung neuer Gewohnheiten erfolgt so unter stabilen (sozialen) Umweltbedingungen. Sie ist handlungsorientiert, indem sie die entdeckende und erforschende Wahrnehmung und Eigentätigkeit ermöglicht, sowie die Handlungs- und Entscheidungsbereitschaft der Subjekte einfordert (vgl. Paulus & Dadaczynski 2015).

Die organisatorische Umsetzung und Etablierung einer sportlichen Fördermaßnahme während der Arbeitszeit steht in engem Zusammenhang mit den Anforderungen, die die Arbeitstätigkeit an die Beschäftigten einer WfbM stellt. Mit den Angeboten sollen daher sowohl konditionelle als auch koordinative Fähigkeiten entwickelt werden, mit denen eine nachhaltige Steigerung der körperlichen Leistung während der Arbeitszeit angestrebt wird.

Die Bereitschaft zu körperlicher Anstrengung zeigte sich jedoch hauptsächlich in Verbindung mit sozialen Vorgängen. Fraglich war, inwiefern dies von außen beeinflusst werden kann und zu welchem Zeitpunkt und in welcher Form Veränderungen notwendig werden, um die angestoßenen Entwicklungsprozesse aufrecht zu erhalten. Die offensichtliche Korrelation von physischen, psychischen und sozialen Aspekten legt eine Orientierung der praktischen Maßnahmen an den Grundsätzen der Gesundheitsförderung nahe.

Die praktische Ausrichtung zielt daher auf individuelle Weiterentwicklungen und zugleich auf einen Nutzen für Arbeitsprozesse. Als langfristiges Ziel wird die Stärkung des Bezugs zum Arbeitsplatz mit in den Blick genommen, einem der wichtigsten Lebens- und Lernumfelder für die Zielgruppe. Gewonnenes Selbstbewusstsein in Bewegungen und in sozialen Gefügen, kann mehr Sicherheit und Motivation für alltägliche Handlungen bedeuten und die Übertragung der Fähigkeiten auf das Arbeitsverhalten fördern. Der Aufbau und die innere Logik der sportlichen Aktivierung geben Aufschluss darüber, wie die Entwicklungs- und Lernfähigkeit auf unterschiedlichen Leistungsebenen gefördert wird. Merkmale einer qualitativen, kohärenten Entwicklung erlauben die Konkretisierung spezifischer Angebote in den Kursen und zugleich die Dokumentation der Fortschritte, damit diese verlässlich angestrebt und gemessen werden können. Festgehalten werden einerseits Potenziale, die Hinweise auf Entwicklungsmöglichkeiten geben. Andererseits wird berücksichtigt, dass nicht jeder Beschäftigte einer WfbM den Maßnahmen zur sportlichen Aktivierung zugänglich ist. Heterogene Entwicklungsstände sind der Ausgangspunkt und werden durchgängig berücksichtigt.

Im Interesse der regelmäßigen Durchführbarkeit und langfristigen Anlage der Maßnahmen ist es ebenso wichtig, sich nach den Anforderungen des zeitlich organisierten und gewohnten Arbeitsalltags zu richten, sowie die Maßnahme mit allen Personengruppen, die diesen mitgestalten, abzustimmen. Die sportliche Aktivierung von Beschäftigten ist also keine Freizeitbeschäftigung während der Arbeitszeit, sondern gehört zum eigentlichen Auftrag von WfbM. Der Auftrag ist durch die Förderung der Persönlichkeit und der Arbeitsfähigkeit mit dem allgemeinen gesetzlichen Auftrag verbunden und muss sich als solcher in der Konzeption der Maßnahmen zur sportlichen Aktivierung niederschlagen.

Abb.16: Aus den Kursen

7. DURCHFÜHRUNG

Das Projekt wurde im Martinshof der Werkstatt Bremen durchgeführt und die Durchführung nach den Zielsetzungen des Sozialgesetzbuches ausgerichtet.

> „Leistungen in anerkannten Werkstätten für behinderte Menschen (§ 136) werden erbracht, um die Leistungs- oder Erwerbsfähigkeit der behinderten Menschen zu erhalten, zu entwickeln, zu verbessern oder wiederherzustellen, die Persönlichkeit dieser Menschen weiterzuentwickeln und ihre Beschäftigung zu ermöglichen oder zu sichern." (SGB IX §39)

Bestandteile des Projektes waren die verschiedenen Kurse an zwei Standorten des Martinshofes, die Steuerkreissitzungen der Kooperationspartner sowie die Teamsitzungen der Projektmitarbeiter*innen.

7.1 Aufbau der Kurse und Muster der Entwicklung

Begonnen wurde mit je einem Kurs pro Betriebsstätte. In den folgenden beiden Praxisphasen wurden je zwei weitere Kurse in aufeinander aufbauender Entwicklungslogik eingeführt.

An der Betriebsstätte A wurde mit dem Aufbau und der Entwicklung von Motivation bei inaktiven, eher älteren und übergewichtigen und außergewöhnlich antriebslosen Beschäftigten begonnen. An der Betriebsstätte B wurden der Aufbau und die Entwicklung von mehr Bewegungssicherheit, in bereits vorhandener Bewegung, mit teilweise hyperaktiven, jüngeren Beschäftigten aus dem Berufsbildungsbereich in Kursen umgesetzt.

Tabelle 9 Kursstruktur in der ersten Praxisphase

1. Praxisphase	Schwelle/ Kurs	Anzahl der Teilnehmer	Altersstruktur	Geschlechter- verteilung
Betriebsstätte A	Aufbau von Motivation	9	20 bis 52 Jahre	m: 4
				w: 5
Betriebsstätte B	Aufbau von Bewegung	9	18-20 Jahre	m: 8
				w: 1

Die Kurse der ersten Praxisphase setzten sich nach einigen Rekrutierungsdurchläufen wie folgt zusammen: In der Betriebsstätte A (Motivation) nahmen vier männliche und fünf weibliche Beschäftigte im Alter von 20 bis 52 Jahren teil. Alle Teilnehmer waren übergewichtig und zu Beginn des Kurses überwiegend sportlich inaktiv. In der Betriebsstätte B (Bewegung) nahmen acht männliche und eine weibliche Teilnehmerin im Alter von 18 bis 20 Jahren teil, die neu an der Betriebsstätte waren und zuvor an keiner betrieblichen sportlichen Aktivität beteiligt waren. Sie waren allerdings bereits in anderen, unregelmäßigen Zusammenhängen sportlich aktiv. Die meisten Teilnehmer dieses Kurses (Bewegung) hatten ausgeprägte Motivation für sportliche Motivation. Im Einzelnen wiesen die Teilnehmer autistische Züge, Konzentrations- und Lernschwächen sowie verschiedene körperliche und geistige Behinderungen auf, letztere teils mit unbekannter Genese.

Nach etwa einem halben Jahr Praxis zeichnete sich bereits der Bedarf einer Aufteilung nach Leistungsständen ab. Einige Teilnehmer stiegen sehr aktiv auf das Programm ein und tendierten zu Unterforderung, während andere eine sehr enge Begleitung durch die Kursleitungen benötigten.

Im Herbst 2013 erfolgten die Weiterführung der beiden bestehenden und die Einführung von zwei neuen Kursen an beiden Betriebsstätten. Die Teilnehmerstruktur der Kurse wurde daraufhin sinnvoll angepasst: Die bisherigen Teilnehmer konnten auf Grundlage der beobachteten Entwicklungen auf zwei Kurse verteilt werden, sofern sie mit der Einteilung einverstanden waren. Wenige Ausstiege aufgrund von Krankheit und fehlender Motivation wurden ebenfalls verzeichnet. Beide Kurse wurden dann mit neuen Teilnehmern aufgefüllt, sodass sich jeweils wieder eine Gruppengröße von durchschnittlich neun Teilnehmern ergab. In der Betriebsstätte A kamen ältere sowie jüngere Teilnehmer neu dazu. Die meisten waren übergewichtig, drei zeigten starke Sehschwächen, zwei auffällige Gehschwächen. In der Betriebsstätte B nahmen die Teilnehmer des ersten Kurses geschlossen weiter teil und wurden zum Kurs Aufbau von Handlung. Der Kurs Entwicklung von Bewegung bestand wiederum aus neuen Beschäftigten, die nach Beendigung der Förderschule in die Werkstatt eingegliedert wurden und Erfahrungen aus dem Sportunterricht mitbrachten. Es kam eine Gehörlose und ein hörgeschädigter Teilnehmer dazu und es fanden sich im Vergleich zu dem ersten Kurs starke körperliche Einschränkungen. Die Heterogenität in den Leistungsständen war in der zweiten Praxisphase von Beginn an ausgeprägter.

Tabelle 10: Kursstruktur in der zweiten Praxisphase

2. Praxisphase	Schwelle/ Kurs	Anzahl der Teilnehmer	Altersstruktur	Geschlechterverteilung
Betriebsstätte A	Entwicklung von Motivation	10	22-55 Jahre	m: 4
				w:6
	Aufbau von Bewegung	8	21-56 Jahre	m: 5
				w: 3
Betriebsstätte B	Entwicklung von Bewegung	10	19-25 Jahre	m. 6
				w: 4
	Aufbau von Handlung	9	18-20 Jahre	m: 8
				w: 1

Mit zwei Kursen pro Betriebsstätte in aufbauender Logik konnte erstmalig ein Teil der Fluktuation aufgefangen werden. Durch gleiche Programme mit unterschiedlichen Anforderungen, konnte beispielsweise mit einem Kurswechsel, der Ausstieg von Teilnehmern verhindert oder zu einer Wiederaufnahme von Bewegung in einem anderen Kurs motiviert werden. Die Dynamik der Konzeption konnte so ungeplante Aus- und Wiedereinstiege sowie Quereinstiege auffangen.

> Auszüge aus dem Profilbogen einer Teilnehmerin (FN)
> *„Ab Februar 2014 zwei Monate nicht gekommen, dann wieder eingestiegen mit der Bedingung an dem ersten (mit niedrigeren Niveau), anstelle des zweiten Kurses teilzunehmen."* (April 2014)
>
> *„Kommt seit dem Gruppenwechsel in die frühere, aber auch schwächere Gruppe wieder sehr gern und unaufgefordert."* (Mai 2014)

In der zweiten Hälfte der zweiten Praxisphase wurden bereits viele Quereinstiege von neuen Teilnehmern verzeichnet, sodass zum bevorstehenden Kursstart für die dritte Praxisphase zunächst die Neueinteilung der Teilnehmer aus den etablierten Kursen vorgenommen wurde. Anschließend konnten die Kurse wieder nach Bedarf aufgefüllt werden. Dieser Vorgang lässt sich in zweierlei Hinsicht begründen:

- Die Außenwirkung der Freude und Motivation bereits Teilnehmender wurde von Kollegen am Arbeitsplatz wahrgenommen. Das geweckte Interesse auch einzusteigen, ergab entsprechende Anfragen für eine mögliche Teilnahme.

- Die Gruppenleiter (FAB) registrierten den Erfolg der Teilnahme durch Effekte auf das Arbeitsverhalten an den Kurstagen und kooperierten zunehmend. Sie schlugen auch weitere Beschäftigte für die Teilnahme vor. (siehe Anhang E.2, Rekrutierung für die 2. Praxisphase)

Diese positiven Wirkungen machten im darauffolgenden Jahr zwei weitere Kurse möglich. Im Herbst 2014 erfolgte mit deren Einführung der Start der dritten und letzten Praxisphase für die Laufzeit des Projektes. Die Kursleitungen des Projektteams tauschten sich intensiv über beobachtete Entwicklungen in den ersten beiden Phasen und akute Leistungsstände aus und entschieden auf dieser Basis das Verweilen oder Fortschreiten der Teilnehmer in den Kursen. Die entstandenen sechs Kurse wurden mit neuen, bereits wartenden Beschäftigten aufgefüllt. Entstandene soziale Beziehungen unter den Teilnehmern, persönliche Sympathien und Antipathien, strukturelle Veränderungen im Werkstattalltag sowie Empfehlungen der FAB wurden in die Entscheidungen einbezogen.

Tabelle 11: Kursstruktur in der dritten Praxisphase

3. Praxisphase	Schwelle/ Kurs	Anzahl der Teilnehmer	Altersstruktur	Geschlechter- verteilung
Betriebsstätte A	Aufbau von Motivation	8	22-50 Jahre	m: 2
				w: 6
	Aufbau von Bewegung	8	25-45 Jahre	m:5
				w:3
	Aufbau von Handlung	7	19-45 Jahre	m: 4
				w: 3
Betriebsstätte B	Entwicklung von Bewegung	11	21-47 Jahre	m: 5
				w: 5
	Aufbau von Handlung	8	19-20 Jahre	m: 8
				w: 0
	Entwicklung von Handlung	10	22-45 Jahre	m: 7
				w: 3

In dieser Praxisphase kamen wieder jüngere und ältere Beschäftigte dazu. Die Aufmerksamkeit der Maßnahme war an beiden Betriebsstätten größer geworden und die Offenheit bezüglich der Teilnahme war allgemein bekannt. Bei einigen Teilnehmern äußerten die verantwortlichen FAB zunächst Bedenken, überzeugten sich aber dann im Rahmen von Hospitationen über die vielen Möglichkeiten, die für verschiedenste Leistungsstände angeboten wurden. Es nahmen hyperaktive und antriebslose Beschäftigte teil. Einige saßen im Rollstuhl oder kamen mit dem Rollator zum Kurs. Es gab Hör- und Sehgeschädigte, als auch Taubstumme und Epileptiker unter den Teilnehmern. Jeder Kurs entwickelte eine andere Dynamik, die auf unterschiedliche Weise die positiven Effekte von sportlicher Aktivierung in der Gruppe zeigten.

In drei Jahren Praxis mit insgesamt zwölf Kursen, ergab sich pro Schwelle die praktische Erprobung mit je mindestens drei Kursen. Mit der jährlichen Neuzusammensetzung konnten auf diese Weise die Heterogenität und die natürlicherweise nicht linear verlaufenden Entwicklungen systematisch aufgefangen werden. Eine Teilnahme mit chronologischem Verlauf entlang der Phasen des Schwellenmodelles war in wenigen Fällen möglich und stellt den Idealfall dar.

Neben inhaltlichen Weiterentwicklungen wurden wichtige Erfahrungen bezüglich der Einführung und langfristigen Etablierung innovativer Maßnahmen in bestehende

Strukturen gemacht. In einem Setting, welches sich anfänglich relativ verhalten zeigte gegenüber strukturellen Veränderungen, wurden verschiedene Vorgänge als mitentscheidend für die erfolgreiche Einführung Etablierung festgehalten:

- Das überschaubare Ausmaß an organisatorischem Aufwand,
- die Kompatibilität der Maßnahmen mit gewohnten Betriebsabläufen,
- die Kommunikation und Kooperation mit allen am Prozess Beteiligten und
- die Kontinuität, Zuverlässigkeit und Ausdauer in der Durchführung der Maßnahmen.

Tabelle 12: Übersicht der durchgeführten Maßnahmen im Gesamtverlauf der drei Praxisphasen

	Motivation		Bewegung		Handlung	
	Stabilisieren	**Fördern**	**Stabilisieren**	**Fördern**	**Stabilisieren**	**Fördern**
1. Praxisphase	Betriebsstätte A **Aufbau Motivation**		Betriebsstätte B **Aufbau Bewegung**			
2. Praxisphase		Betriebsstätte A **Entwicklung Motivation**	Betriebsstätte A **Aufbau Bewegung**	Betriebsstätte B **Entwicklung Bewegung**	Betriebsstätte B **Aufbau Handlung**	
3. Praxisphase	Betriebsstätte A **Aufbau Motivation**		Betriebsstätte A **Aufbau Bewegung**	Betriebsstätte B **Entwicklung Bewegung**	Betriebsstätte B **Aufbau Handlung**	Betriebsstätte B **Entwicklung Handlung**
					Betriebsstätte A **Aufbau Handlung**	

Zusammenarbeit mit beteiligten FAB und Sportkoordinatoren

Zu Beginn der ersten Praxisphase im Herbst 2012, wurde nach kurzer Zeit deutlich, dass die Sportkoordinatoren und Fachkräfte der Werkstatt die bedeutenden sozialen Beziehungen für die Beschäftigten in der WfbM darstellen. Um als Externe intervenieren und neue Beziehungen einleiten zu können, erwies sich die Befürwortung und Unterstützung dieser wichtigen Bezugspersonen im Arbeitsumfeld als besonders hilfreich. In der Durchführung der Maßnahmen wurde dies berücksichtigt und die Zusammenarbeit im Verlauf der drei Praxisphasen intensiviert und genutzt.

Die Rekrutierung für die erste Praxisphase wurde gemeinsam mit den Sportkoordinatoren vorgenommen. Mit Hilfe der FAB wurden mögliche Kandidaten direkt am Arbeitsplatz angesprochen, über das Anliegen und den Ablauf aufgeklärt und die Teilnahme angeboten. Begründungen für eine Zustimmung oder Ablehnung der Teilnahme wurden im weiteren Projektverlauf wiederholt beobachtet und dokumentiert.

Die angesprochenen Beschäftigten machten ihre Zusage abhängig von:

- Der Meinung ihres FAB (Erlaubnis und Zustimmung wichtiger Bezugspersonen)
- Den anderen Teilnehmern. (*„Wer macht denn da alles mit?"*).
- Der Sympathie für die Kursleiter (*„Und du machst das dann mit uns? Und die andere Frau auch?"*).
- Den Inhalten des Kurses (*„Ist das schwer?"*).
- Der Einhaltung von Essens- und Pausenzeiten (geregelte Tagesabläufe).
- Der durch die Auswahl ihrer Person erhaltenen Aufmerksamkeit (wurde für positiv bewertet und führte zur Teilnahme).
- Dem Versprechen, von der Kursleitung abgeholt zu werden (Verbindlichkeit, Sicherheit, Aussicht auf Bezugspersonen sicherstellen).

Insgesamt konnten die angesprochenen Beschäftigten ohne große Schwierigkeiten für eine Teilnahme angesprochen und motiviert werden. Nur wenige für den ersten Durchgang rekrutierten Beschäftigten haben nach wenigen Wochen das Projekt wieder verlassen. Wenige waren bereits am Tag des Kursstartes und den folgenden Terminen auch nach mehreren Versuchen nicht zu motivieren, sich den Kurs mindestens anzuschauen. Als Gründe wurden Müdigkeit, fehlende Ansprechbarkeit (zeigten keine Reaktion, wendeten sich ab), schlichte Antriebslosigkeit und das nicht überwindbare Pflichtbewusstsein der Beschäftigung nachzukommen, dokumentiert. Vor allem das Verlassen des Arbeitsplatzes stellte für viele Beschäftigte einen bedeutenden Störfaktor in ihrem geregelten Tagesablauf dar. Hatten sich Teilnehmer*innen nach kurzer Zeit gegen eine weitere Teilnahme entschieden, wurden die gleichen Gründe angeführt oder es zeigte sich eine entwickelte Antipathie anderen Teilnehmern gegenüber.

„Laut Informationen der Bezugspersonen im Arbeitsumfeld macht sie (die angesprochene mögliche Teilnehmerin) vielen Menschen in ihrem unmittelbaren Umfeld Angst durch ihr grimmiges Auftreten, Grimassenschneiden und lautstarken Beschimpfungen. Ihr sehr kräftiges Erscheinungsbild wirkt hierbei verstärkend. Die Betroffene entscheidet sich gegen die Teilnahme und nennt Namen anderer Teilnehmer, als Begründung. Gerade die sich dadurch ergebende soziale Isolation (beim Arbeitsplatz und in den Pausen eindeutig zu beobachten) und das starke Übergewicht lässt vermuten, dass eine Teilnahme (Eingliederung in eine Gruppe mit vielen Übergewichtigen, Bewegungsaktivierung) förderlich hätte wirken können." (Dokumentation Rekrutierung, Oktober 2012)

Diesem Beispiel ähnliche Situationen und Verhaltensweisen traten im Verlauf der Praxisphasen in den wenigen Fällen wiederholt auf und wurden als nicht außergewöhnlich in der Zielgruppe beobachtet. Die zumeist nüchterne oder routinierte Reaktion, mit Ignoranz und Abwendung der Beschäftigten auf emotionale Anfälle von Kollegen, bestätigte dies.

Auch deshalb erwiesen sich die Hinweise und Informationen der FAB und Sportkoordinatoren zu einzelnen Teilnehmern im gesamten Verlauf des Projektes als ausgesprochen nützlich. Die Kommunikation wurde schrittweise aufgebaut, jedoch ohne reguläre Arbeitsprozesse zu stören. Die erfolgreiche Zusammenarbeit wurde an verschiedenen Prozessen festgemacht:

- Die enge Verbindung von Arbeitstätigkeit und Teilnahme an sportlicher Aktivierung durch einwe regelmäßige Präsenz der werkstattexternen Projektmitarbeiter*innen (Kursleitungen) in den Werkhallen und an den Arbeitsplätzen.

- Die Auslagerung von Verantwortung durch die zuverlässige Abholung der Teilnehmer und regelmäßige Durchführung der Kurse.

- Der Raum für das Einbringen eigener Interessen in der offenen Kommunikation mit den Projektmitarbeitern über Entwicklungsverläufe und Fortschritte der Teilnehmer.

- Die Transparenz des eigenen Nutzens in Form einer Arbeitserleichterung durch sichtbare Effekte im Arbeitsverhalten der teilnehmenden Beschäftigten.

Die positive Entwicklung in der Zusammenarbeit kann mit Aussagen der FABs aus der Dokumentation im Übergang zur dritten Praxisphase belegt werden.

„Alle beteiligten FAB waren deutlich interessierter an einer Zusammenarbeit als zu Beginn der 2. und vor allem der 1. Praxisphase. Die kontinuierlichen Teilnahmen und der positive Fortgang, sind ausschlaggebende Faktoren für eine positive Einstellung gegenüber der Maßnahme und einer engeren Zusammenarbeit mit den Projektmitarbeitern der Universität."

Die Mitarbeiter zeigen sich deutlich interessierter an dem Projekt, machen von sich aus Vorschläge für Neueinsteiger und fragen verschiedentlich nach der Möglichkeit in den Kursen zu hospitieren

Einzelne Rückmeldungen:

„Ihm (dem TN) macht das sehr Spaß, man merkt richtig, dass er gern hingeht."

„Er kann sich schlecht sprachlich ausdrücken, deutet aber an, dass er nach oben in den Gymnastikraum will. Das ist ein sehr gutes Zeichen. Bei der Aktivierung, die ich mit meiner Gruppe nach der Mittagspause mache, macht er seit Beginn der Kursteilnahme auch mit. Da hat er sonst nur Blödsinn gemacht."

„Ja natürlich, sie lassen sich ja gern von Euch abholen und machen gern mit. Das soll dann auch unterstützt und fortgeführt werden."

„Ja nehmt sie man alle mit, die freuen sich immer tierisch auf den Sport."

(Dokumentation der Zusammenarbeit mit Gruppenleitern, Projektteam, Mai 2014)

Studienpopulation

An den Maßnahmen des Projektes nahmen über drei Jahre, 58 Beschäftigte der WfbM im Alter von 18-57 Jahren teil. Von diesen waren 38 männlich und 20 weiblich. Das Durchschnittsalter lag bei 30 Jahren.

Tabelle 13: Studienpopulation Kooperationsprojekt MAU

Betriebsstätte	Anzahl Teilnehmer	Alters-struktur	Altersdurch-schnitt	Geschlechter-verteilung
Gesamt	58	18-57 Jahre	30 Jahre	m: 38
				w: 20
A	26	20-57 Jahre	38 Jahre	m: 14
				w: 12
B	32	18-52 Jahre	25 Jahre	m: 24
				w: 8

Einige Teilnehmer nahmen nur an wenigen Kurseinheiten teil, so dass sie für die Auswertung nicht berücksichtigt werden konnten. Andere blieben über alle drei Praxisphasen Teilnehmer der Maßnahmen.

Im Vergleich der beiden Betriebsstätten bestanden signifikante Unterschiede in der Altersstruktur, der Geschlechterverteilung, der geistigen und körperlichen Behinderung und der körperlichen Konstitution, unabhängig von jeweils vorliegenden Behinderungen.

Bei der Einrichtung der neuen Kurse wurde besonderes Gewicht auf die Qualifikation und Zusammensetzung der Leitungen gelegt. In aller Regel wurden die Kurse zunächst vom Projekt und von der Werkstatt mit je einer Leitungsperson ausgestattet. Dies ermöglichte eine Anknüpfung an die Gewohnheiten der Werkstatt und gegebenenfalls an die Erfahrungen der Kursteilnehmer*innen. Zugleich wurde die Umsetzung der Projektkonzeption sichergestellt.

Die Kurse wurden den Gruppenleitern ausführlich vorgestellt. Später stellte sich heraus, dass aussagestarke Informationen während der gesamten Implementation sinnvoll sind.

Dazu gehört auch die konkrete Ankündigung der konkreten Termine, der Vorgehensweise, der Ansprechpartner usw.

7.2 Verweilen und Übergehen

Das Kursmodell ist in Sequenzen (Kursphasen, Schwellen) angeordnet, aber inhaltlich offen und durchlässig. D.h.: Besonders am Anfang kann in die Praxis zu jeder Zeit eingestiegen werden, die Aktivitäten werden differenziert angeboten, und zu jeder Zeit kann das Kursniveau gewechselt werden. In der Praxis zeigten sich verschiedene individuelle Verläufe. Entwicklungen waren auch bei „Verweilen" innerhalb einer Schwelle möglich. Jeder Teilnehmer kann eine relative Entwicklung zeigen, die nach ca. einem Jahr nicht zwingend einen Übergang in die nächste Schwelle begründen lässt oder notwendig macht.

In der Beobachtung und Auswertung wurden folgende Typen von Beschäftigten ausgemacht, auf die sich Kursleitungen und Verantwortliche einstellen sollten:

- die apathischen Beschäftigten (nicht zur Teilnahme zu aktivieren),
- die teilweise und punktuell apathischen Teilnehmer (unregelmäßige Teilnahme, Verweilen in der jeweiligen Schwelle, kleine Entwicklungen innerhalb der Schwelle),
- die teilweise und punktuell dynamischen Teilnehmer (Entdecken bestimmter Vorlieben, nur aktive Teilnahme bei Ausüben dieser Vorlieben),
- die dynamischen Teilnehmer (kontinuierliche Teilnahme, messbare/erkennbare Entwicklungen, Übergang in nächste Schwelle möglich).

Aber in die Schwellen und Übergänge sind nicht nur die Teilnehmer*innen involviert, sondern auch die Verantwortlichen in den Werkstätten. Damit ähnelt die Kursstruktur und die damit verbundenen Übergänge jener Konzeption von Statuspassagen, die B. Glaser u. A.L. Strauss 1971 formuliert haben. Nicht nur die Teilnehmer*innen durchlaufen einen Prozess der Entwicklung, der auch durch eine Kurszugehörigkeit gekennzeichnet ist. Auch die Kursleiter und Gruppenleiter müssen über die „Passagiere", also über eine Zuordnung zur gleichen oder zu einer anderen Gruppe befinden.

Zudem entsteht durch die aufeinander aufgebaute Struktur so etwas wie die unterstellte Logik eines Aufstiegs. Sicherlich treffen auch die Merkmale, die Glaser/Strauss in Statuspassagen entdeckten, wie Erwünschtheitsgrad der Passage, Umkehrbarkeit, Wiederholbarkeit, Übersichtlichkeit, Freiwilligkeit u.a. auch auf die Kursstruktur zu. Dennoch konnten wir hier nicht sehr weit gehen. Denn es zeigten sich gruppendynamische Aspekte, wie etwa Freundschaften oder Anhänglichkeiten, die in besonderem Maße einer Zuordnung in getrennten Gruppen entgegenstanden. Auch der Zusammenhang zu Lebensentwürfen und sozialem Status war nicht sehr präsent.

Insgesamt haben wir den verallgemeinerten Bezug zum Konzept der Statuspassagen praktisch nicht herstellen können. Dies wird sicherlich noch einer weiteren Forschungsarbeit zufallen. Zwar gab es deutliche Annäherungen an Normalarbeitsverhältnisse, kulturelle Lebensentwürfe, Gatekeeper und sicherlich können gerade die Menschen mit Behinderungen neue gesellschaftliche Risikolagen sensibel aufnehmen, aber die institutionellen Bindungen sind doch vergleichsweise stark. Beispielsweise kann die Entdeckung der eigenen Freude an Bewegung, wie sie in der sportlichen Aktivierung ermöglicht wird, auf den Arbeitsalltag, auf das Arbeitsverhalten und auf Karrierepläne übertragen werden, doch sind Gestaltungen des Übergangs kaum den Kursteilnehmer*innen aufzubürden.

Deshalb konzentriert das vorliegende Konzept auf die kleinen Schritte und Effekte, in denen Freude an Bewegung mitsamt Erfolgserlebnissen die Lerneffekte am Arbeitsplatz unterstützen. Auf dieser bescheidenen Ebene wurden signifikante Effekte in den sportmotorischen, emotionalen und sozialen Dimensionen bei gesteigertem Umfang und nachhaltiger Teilnahme deutlich.

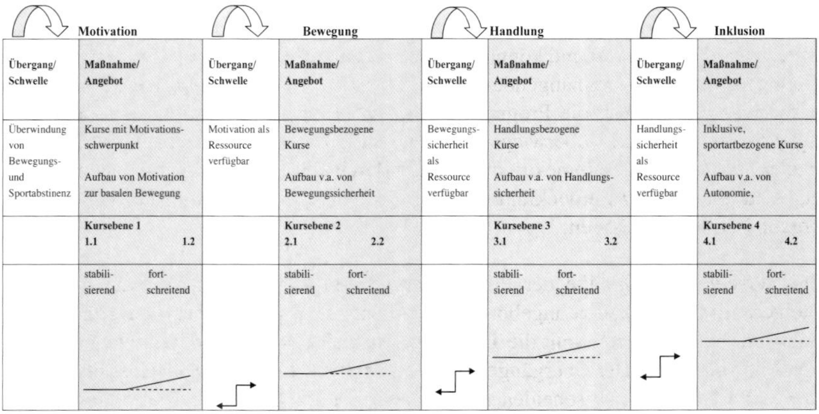

	Motivation		Bewegung		Handlung		Inklusion
Übergang/ Schwelle	Maßnahme/ Angebot	Übergang/ Schwelle	Maßnahme/ Angebot	Übergang/ Schwelle	Maßnahme/ Angebot	Übergang/ Schwelle	Maßnahme/ Angebot
Überwindung von Bewegungs- und Sportabstinenz	Kurse mit Motivationsschwerpunkt Aufbau von Motivation zur basalen Bewegung	Motivation als Ressource verfügbar	Bewegungsbezogene Kurse Aufbau v.a. von Bewegungssicherheit	Bewegungs- sicherheit als Ressource verfügbar	Handlungsbezogene Kurse Aufbau v.a. von Handlungssicherheit	Handlungs- sicherheit als Ressource verfügbar	Inklusive, sportartbezogene Kurse Aufbau v.a. von Autonomie,
	Kursebene 1 1.1 1.2		Kursebene 2 2.1 2.2		Kursebene 3 3.1 3.2		Kursebene 4 4.1 4.2
	stabilisierend fortschreitend		stabilisierend fortschreitend		stabilisierend fortschreitend		stabilisierend fortschreitend

Abbildung 17: Überblick der inhaltlichen Schwerpunkte in den Schwellen und Ebenen der Kurse

7.3 Struktur und Inhalte der Kurse

In den Kursen wurde sowohl systematisch zu Beginn der gesamten Maßnahmen als auch anfangs in den jährlich neu zusammengesetzten Gruppen das Schwergewicht auf Motivation gelegt. Die praktische Annahme, „dass Motivation wichtiger ist als Talent" (R. Sennett 2014: 22), erwies sich insofern als sinnvoll, als Motivation ein durchgängiger und anstoßender Bestandteil von Bewegung ist und auch vorhandene Potenziale nur mit entsprechender Motivation verwirklicht werden können. Dann erwies es sich als praktisch strukturierend, Anforderungen möglichst wahrnehmbar zu stellen, weil so der Bezug zur Umwelt aufgebaut und Sinnhaftigkeit verdeutlicht werden kann (z.B. in Gestalt von getroffenen und zu Boden polternden ‚Hütchen'). Im Verlauf der Kurse rückte dann immer stärker die gemeinsame Freude an Üben und Gelingen in den Mittelpunkt. Diese Struktur von subjektiv motivierenden Anstrengungen, umweltbezogenen Anforderungen und gelungenen Handlungen durchzieht die gesamte Kurskonzeption.

Über den Aufbau der Kurse in der Schwellenlogik wird eine Entwicklung von einfachen und stark angeleiteten Vorgängen und Bewegungsaufgaben in Richtung einer zunehmend autonomeren Aktivität der Subjekte angestrebt. Mit gesteigerter Leistungsanforderung geht eine komprimiertere Anweisung von außen einher und die Gruppen werden distanzierter durch die Programme begleitet. So nimmt die gezielte Anleitung und enge Begleitung durch die Kursleitungen im Verlauf der Maßnahmen ab und selbstständigere Handlungen in den Bewegungsabläufen und Spielen sowie soziale Wirkungen in den Gruppenzusammenhängen können sich entfalten.

Für die Einstiegsphase und Programme um die Schwelle Motivation werden individuelle Übungen und kleine, leicht zu modifizierende Spiele geplant. In Richtung einer zunehmenden Bewegungssicherheit werden bekannte Inhalte aufgegriffen und mit Variationen und Steigerungen durchgeführt. Anspruchsvollere Spielformen werden mit ersten Regeln eingeführt und können zu vereinfachten sportartverwandten Spielen und Übungen mit zusammenhängenden und zielgerichteten Bewegungsaufgaben weiterentwickelt werden. Für die Programme im Aufbau und der Entwicklung von Handlungssicherheit werden überwiegend vereinfachte sportartspezifische Spiele geplant und erprobt. Alle Programme orientieren sich durchgängig an Entwicklungsvorstellungen und qualitativen Entwicklungsschritten, die in aufeinander aufbauenden Kursen organisiert werden können.

Die verschiedenen Inhalte der Programme werden durchgängig mit Varianten und Steigerungsmöglichkeiten angeboten. Die Abläufe und Rahmenbedingungen werden dabei wenig verändert, damit die Teilnehmer sich eigenständig orientieren und Routinen bilden können. Die Übergänge zwischen den verschiedenen Kursen sind dadurch insgesamt fließend, unterscheiden sich jedoch bezüglich konkreter Anforderungen und Aufgaben. Diese richten sich nach den aktuellen Leistungsständen und berücksichtigen auch tagesform- und gruppenabhängige Bedürfnisse der Subjekte. Die Anforderungen ergeben sich aus den Bedingungen und den Umständen unter denen die Aufgaben zu bewältigen sind. Die Aufgaben orientieren sich jeweils an den individuellen Voraussetzungen der Subjekte. Die Verhaltensweisen der Teilnehmer liefern Hinweise auf die Ausrichtung und notwendige Veränderungen von Anforderungen und Aufgaben.

Mit den personen- und gruppenbezogenen Differenzierungen im Umgang, in der Anpassung und in der Spezifik der Programme und durch die intensive Begleitung von Entwicklungsvorgängen, wird der Fokus auf die Gesamtentwicklung der Teilnehmer gelegt. Die breit angelegte Anwendung der Programme zur sportlichen Aktivierung bietet somit vielfältige Möglichkeiten Ressourcen erkennbar zu machen und gezielt zu fördern.

In den verschiedenen Spielen und Übungen wurden konditionelle, koordinative, entspannende, psychosoziale, psychomotorische und alltagsbezogene Bewegungselemente kombiniert und in ansprechende und flexible Programme gebracht. Die Dreiteilung der Programme in einen Aufwärm-, einen Haupt- und einen Entspannungsteil wurde von Beginn an eingeführt und bis zur Beendigung der Praxisphasen beibehalten. Die Inhalte sind nach dieser Aufteilung sowie in leistungssteigernder Logik in die Form von Karteikarten gebracht worden.

Mit Beispielen aus der Dokumentation der teilnehmenden Beobachtung und personenbezogenen Profilbögen der durchgeführten Maßnahmen wird in den nachfolgenden Kapiteln nachvollziehbar welche Beobachtungen Anlass zu Veränderungen gaben und wie sich diese auf die Durchführung ausgewirkt haben. Um den Vorgang einer erfolgreichen Aktivierung abzubilden werden dazu sichtbar positive Ergebnisse beschrieben:

- in Bezug auf die Hypothesen, hinsichtlich der Entwicklung sozialer Kompetenzen, der Übernahme von Aufgaben, dem Lernen von Anderen und der Entstehung von Dynamiken aufgrund der heterogenen Gruppen,

- für die erwarteten Barrieren in der Umsetzung hinsichtlich des Umgangs mit apathischem Verhalten, Ängsten und ungünstigen Bedingungen.

Einstieg in die sportliche Aktivierung

Die Einstiegskurse der Maßnahmen bilden den Übergang von einer Bewegungsabstinenz in eine zunächst extrinsisch motivierte Aufnahme von basalen Bewegungsformen. Der Schwerpunkt in der anfänglichen Bewegung in neuen Gruppenzusammenhängen liegt auf der Erfahrung von Freude und Spaß an einfacher Bewegung in ungewohnter Umgebung und neuen sozialen Situationen.

Die planerische Vorarbeit besteht aus der Bekanntmachung des Angebots in der WfbM und der direkten Ansprache möglicher Teilnehmer an ihrem Arbeitsplatz. Für die Zusammenstellung einer Gruppe von MmgB, die sich ungern bewegen und die von den gewohnten Abläufen ihres Arbeitsalltags abweichen sollen, wurden dazu verschiedene Herangehensweisen erprobt.

Mögliche Reaktionen bei der ersten Kontaktaufnahme zwischen neuen Kursleitungen und Beschäftigten sind Sturheit, Abweisung und Abwendung oder Ignoranz. Das Bekanntmachen des Kurses als Besonderheit (Privileg) hat sich als eine Möglichkeit erwiesen, einen ersten Zugang zu den Beschäftigten zu erhalten. Wichtig ist dann auf niedrige Anforderungen hinzuweisen, die Freiwilligkeit der Teilnahme zu verdeutlichen und keinen Zwang oder negativen Druck zu erzeugen. Das Ansprechen durch eine fremde Person im vertrauten Umfeld führt in den meisten Fällen zu Verunsicherung und der Suche nach Hilfe und Orientierung bei den FAB. Daher sollte die Ansprache mit diesen gemeinsam vorgenommen und das legitime Verlassen des Arbeitsplatzes kommuniziert werden. Mit der Versicherung, dass Pausen- und Essenszeiten eingehalten werden, sowie Informationen über Länge und Inhalt des Kurses und andere Teilnehmer, kann erstes Interesse geweckt werden.

Nach der Einwilligung zu einer unverbindlichen Probeteilnahme gilt es den Teilnehmern mit dem Programm für die erste Kurseinheit, einen angenehmen und positiven Einstieg zu bereiten. Eine Begrüßungsrunde, in der auf die geplanten Inhalte vorbereitet wird, eignet sich als Einstimmung und später als Ritual. Wichtig ist dabei eine positive Stimmung herzustellen und auf akute Stimmungslagen angemessen zu reagieren.

In den Inhalten der Anfangsphase liegt der Fokus auf stark von außen angeleiteter Bewegung mit der Nutzung von möglichst wenig und für alle überschaubaren Raum. Auf diesem Einstiegslevel wird die räumliche Wahrnehmung der neuen Umgebung und eine Gewöhnung an die Kurssituation mit anderen Teilnehmern und den Kursleitungen ermöglicht. Geeignete Inhalte sind im Stuhl- oder Innenstirnkreis durchführbare Spiele mit geringen Anforderungen. Ebenso eignen sich Singspiele und einzelne Bewegungen, die mit bekannten Alltagshandlungen in Verbindung gebracht werden können und von der Kursleitung vorgemacht und verbal begleitet werden. Begleitende Musik wirkt stets anregend und unterstützend. Mögliche Szenarien bei den ersten Aktivierungsversuchen mit dieser Art von Spiel sind die Verweigerung einer aktiven Teilnahme mit räumlicher Distanzierung von der Gruppe, um das Geschehen zunächst von außen beobachten zu können. Die Gewährung dieser anfänglichen Beobachtungszeit ist wichtig, um den Subjekten die Entscheidung für oder gegen eine Teilnahme zu überlassen und die eigene Glaubwürdigkeit zu erhalten, indem anfängliche Versprechen eingehalten werden.

Nach einem anfänglich aktiven Einstieg in die Teilnahme kann das Interesse auch spontan wieder von dem Spiel abschweifen und zu der isolierten Beschäftigung mit anderen Objekten im Raum führen.

„Hat sich in der Halle dann selbstständig am Boxsack beschäftigt und auf Nachfrage bestätigt, dass er schon einmal geboxt hat und Spaß daran hat. Bei Anwesenheit nach wie vor mit der Aussicht auf den Boxsack zur Bewegung zu motivieren." (Profilbogen eines Teilnehmers aus der 1. Praxisphase, 2012)

Weitere Reaktionen in dieser Anfangsphase können spontane Emotionen wie z.B. Weinen, Lachen, Körperkontaktaufnahme (Umarmen), Wutausbrüche oder Aggressionen sein.

„Will bei der Ankunft wieder direkt in den Hängestuhl und fängt an zu Schreien. Kann mit der Aussicht dies im Entspannungsteil der Stunde zu dürfen beruhigt und zur aktiven Teilnahme bewegt werden." (Profilbogen einer Teilnehmerin aus der 3. Praxisphase, 2014)

„Weint oft während der Stunde los, weil sie glaubt, die Aufgaben nicht bewältigen zu können. Knieschmerzen, Fußschmerzen, Kopfschmerzen oder einfaches „Nichtkönnen" werden stets als Gründe angegeben. Wenn sie es dann mit Hilfe hinbekommt ist sie schnell wieder guter Laune. Extreme Stimmungsschwankungen innerhalb einer Stunde sind häufig." (Profilbogen einer Teilnehmerin aus der 2. Praxisphase 2013)

In der Fortsetzung des Programms mit weiterhin Anwesenden und aktiv Teilnehmenden, wird das gewonnene Interesse aufgegriffen und mit weiteren Spielen und Übungen ausgebaut. Für folgende Kurseinheiten ist es dabei hilfreich zu erkennen, welche Bewegungen mit einer Tendenz zu gesteigertem Interesse mitgemacht werden. Dazu wird entweder ein weiteres Spiel in der Gruppe mit individuell gestaltbarer Beteiligung angeboten oder verschiedene Stationen mit unterschiedlichen Aktivitäten auf niedrigem Niveau aufgebaut. Wichtig ist den Teilnehmern Inhalte mit angemessenen Anforderungen zu offerieren, die in erster Linie leicht zu erkennen und mit wenig Aufwand zu bewältigen sind.

„Die TN machen den Eindruck sich bei kleineren Aktivitäten im Stehen oder Sitzen wohler zu fühlen und bereitwilliger mitzumachen. Vor allem werfende oder stoßende Tätigkeiten, in denen Arm- oder Handkraft aufgebracht werden muss, sind beliebt." (Kursdokumentation, Aufbau von Motivation aus der 1. Praxisphase, 2012)

Für den Abschluss der Einheiten in den Einstiegskursen eignet sich ein Ausklang mit der Bereitung von Wohlbefinden, um das Interesse an der folgenden Kurseinheit zu wecken. Für diesen entspannten Schlussteil der Stunde wird die Möglichkeit gegeben sitzend oder liegend teilzunehmen. In beliebiger Position und ruhiger Atmosphäre erfolgen eine Rückbesinnung und die Verinnerlichung der neu erfahrenen Bewegungen. Dieser Teil der Stunde kann angeleitet oder passiv erfolgen. Im Anschluss wirken einladende Worte für die nächste Kurseinheit, mit Informationen zu Ablauf und Inhalten, sowie dem Versprechen der Abholung am Arbeitsplatz, positiv.

Für weitere Kurseinheiten ist es wichtig über Erfolgserlebnisse in der Erprobung neuer Bewegungen, eine Freude an körperlicher Aktivität zu erzeugen. Des Weiteren steht in den ersten Wochen der Maßnahmen die Gewöhnung der zuvor bewegungsfernen Beschäftigten an die neue Situation mit der Unterbrechung des Arbeitsalltags, der körperlichen Aktivität in der Gruppe, der neuen Umgebung und den Kursleitungen als Bezugspersonen im Fokus.

Aufbau und Entwicklung von Motivation: Übergang zur Anwendung

Mit überwiegend antriebslosen, bisher bewegungsfernen Beschäftigten, bei denen eine Fortsetzung der Teilnahme bewirkt werden konnte, werden Kursinhalte für den Aufbau und die Weiterentwicklung von Motivation praktiziert. Diese zielen auf eine aktive und längerfristige Teilnahme an den Maßnahmen und den Aufbau von Grundlagen für einen Übergang in die selbstbestimmtere Anwendung der erlernten Bewegungen.

Die Zielgruppe sind Beschäftigte in überwiegend sitzender Tätigkeit, die aufgrund schwerwiegender Gesundheitsrisiken und akuter Auswirkungen ihrer physischen und psychischen Verfassung auf das Arbeitsverhalten, für die Teilnahme an dem Bewegungsprogramm vorgeschlagen werden. Die vorangegangene mehrwöchige Orientierungsphase bildet den Ausgangspunkt. Die Teilnehmer sollen die neue Aktivität zunehmend von sich aus wiederaufnehmen und nach eigener Bewertung für sinnvoll empfinden. Dazu wird die Möglichkeit gegeben, sich in einem immer wieder kehrenden Muster von Abläufen, Vorgaben und Ritualen zu orientieren und kleine relative Erfolge zu erleben.

Die bewusste Wahrnehmung machbarer Aufgaben sowie eigene Erfahrungen in den freudvollen Bewegungen sind unterstützende und vorantreibende Aspekte, um Motivation für regelmäßige Teilnahmen und eigene Bewegungsaktivität zu entwickeln. Die Inhalte orientieren sich dazu auf die Wiederholung bekannter und beliebter Inhalte, die Wiederkennung von erfolgreich erlernten Bewegungen und die Schaffung sinnvoller Bezüge in den Spielen.

In der Vorbereitung bleibt die zuverlässige und durchgängige Erinnerung und Abholung zu den bereits bestehenden Kursen wichtig. Bei den Ankündigungen sollte die Teilnahme weiterhin als Angebot und nicht als verpflichtende Auflage vermittelt werden. Auf wiederholte Nachfragen der Teilnehmer, bezüglich der pünktlichen Wiederkehr an den Arbeitsplatz oder der Legitimation diesen überhaupt zu verlassen, ist weiterhin stets klärend einzugehen.

Die Kurseinheiten werden erstmalig in das Aufwärmen (10-15 Min.) den Hauptteil (30-40 Min.) und die Entspannung (10-15 Min.) gegliedert. Für das Aufwärmen wird ein leichter und angenehmer Einstieg in die Stunde mit kleinen Spielen und Übungen geplant, in der die Muskulatur erwärmt, neue Bewegungen erkundet und Bekanntes wiedererkannt werden kann. Die Aufmerksamkeit der Teilnehmer soll gewonnen und erhalten werden und es soll Interesse für das weitere Programm geweckt werden. Dazu können anregende, aber einfache Spiele ohne Material oder aufwendigen Aufbau eingesetzt oder die Möglichkeit einer freien Bewegung nach individuellem Belieben gegeben werden. Die angeleitete Bewegungsform oder die Möglichkeit des freien Tanzens zu beliebter Musik (in der Regel Schlager), zeigten sich für viele Teilnehmer in dieser Schwelle als guter Einstieg in die Kurseinheit. Dies kann je nach Tagesform und Stimmung aufgegriffen und als Spiel organisiert werden. Die Kombination aus freier Bewegung und gleichzeitiger Aufgabenstellung (Reaktion auf ein Signal) ist hier noch schwierig umzusetzen.

„Durch die Spielform des Innenstirnkreises ist ein Abgucken bei den anderen TN oder der KL leicht möglich. Bei dem Spiel in freier Bewegung fällt sofort auf, dass diese Orientierungshilfe wegfällt. Schwächere TN bewegen sich dann kaum mehr ohne direkte Ansprache.“ (Kursdokumentation, Entwicklung von Motivation aus der dritten Praxisphase, 2015).

„[…]durch den ganzen Raum gesprungen und laut mit gesungen. Manchmal muss sie zum eigentlichen Programm mehrmals aufgefordert werden.“ (Profilbogen einer Teilnehmerin aus der 2. Praxisphase, 2013).

Alle beispielhaften Inhalte der Kurse, auch die für das Aufwärmen in Motivationskursen, sind im Handbuch für die Praxis aufgeführt, das als weitere Publikation aus dem Projektzusammenhang vorliegt.

Für den Hauptteil der Kurseinheit kann ein größeres Spiel mit verfügbaren Materialien geplant werden. Die Teilnehmer können hier in den Aufbau des Spielfeldes eingebunden werden. Dabei können sie sich mit Material, Geräten und Räumlichkeit vertraut machen und die Bedingungen des Spiels aktiv erfahren. Geeignet sind Inhalte mit sich wiederholenden Bewegungen und leichten Steigerungsmöglichkeiten. Hier eignet sich beispielsweise das begleitete Abwerfen von höher gestellten Gegenständen (Kegel auf einem Kasten; Hütchen auf einer Bank) sowie diverse Spiele mit Treffstationen unter Einsatz verschiedener Bälle (Bälle durch einen Ring; Tore).

„Motivation der Teilnehmer zu allen Spielformen/kleinen Spielen mit Wurf-, bzw. Abwurfelementen wird beobachtet. Das Bewirken einer Reaktion (ein Hütchen/Kegel fällt um) durch die eigene Handlung (der Wurf mit einem Ball) wird wahrgenommen und positiv bewertet.“„Wiedererkennung von wiederholten Kursinhalten wird beobachtet. Die TN bewerten die eigene Wiedererkennung positiv. Effekte: Die TN bekommen das Gefühl etwas zu können und empfinden bekannte Aufgaben angenehmer als neue. Abwehr von zu schwierigen Aufgaben.“ (Kursdokumentation, Aufbau von Motivation aus der 1. Praxisphase, 2012)

Bei zu hohen Anforderungen in den Spielen des Hauptteils sind Reaktionen wie die Ignoranz der Aufgabenstellung, die Verweigerung der aktiven Teilnahme (Hinsetzen, Entfernung vom Kursgeschehen) oder das Verlassen des Kurses (Entfernung aus dem Kursraum, Rückkehr zum Arbeitsplatz) möglich. Die Ursache dieser Reaktionen ist überwiegend in der Angst zu scheitern und einem mangelnden Vertrauen in die eigenen Fähigkeiten begründet. Unterstützungen bei der Überwindung dieser Barrieren und dem schrittweisen Herantasten an die Aufgabe sind in diesen Fällen hilfreich. Konzeptionell verankert ist, dass die geplanten Spiele bei Bedarf situativ angepasst werden können und verschiedene Varianten zur Verfügung stehen, damit individuelle Fähigkeiten weiter gefördert und keine Abwehrhaltung gegenüber der weiteren Teilnahme begünstigt wird.

Insofern der Zeitrahmen dies zulässt, kann anschließend ein verhältnismäßig ruhiges Spiel mit ähnlichen Bewegungen wie im Hauptteil durchgeführt werden. Um auf die Entspannungsphase vorzubereiten und damit das Ende der Stunde einzuleiten, kann auch der gemeinsame Abbau der verwendeten Materialien und Geräte vorgenommen werden.

In der Entspannungsphase dieser Kurse wird die Mobilisierung mit angeleiteten leichten Entspannungsübungen oder Massagegeschichten (z. B. Pizzamassage", „Wettermassage") zurückgefahren. Unter Einsatz von Entspannungsmusik und gedämmten Licht soll den Teilnehmern das Nachspüren der erfahrenen Bewegung ermöglicht werden. Mit der ruhigen Rückbesinnung auf das Erlebte, werden die Teilnehmer auf die Rückkehr an den Arbeitsplatz vorbereitet.

Insgesamt eignet sich für die Kurseinheiten um die Schwelle Motivation ein drei bis viermal wiederholbares Programm mit dynamischer Leistungsanforderung. Darin kann probiert werden, inwiefern die Inhalte reproduziert werden können, bzw. modifiziert und auf das Niveau der Teilnehmer angepasst werden müssen. Eine Routine zum Ablauf der Stunde (Abholung, Aufwärmen, Hauptteil, Entspannung, Rückkehr), soll für die Teilnehmer erkennbar werden und Sicherheit bieten. Jenseits der planmäßigen Durchführung der Kursprogramme nach den beschriebenen Methoden, steht die Motivation zur Teilnahme im Vordergrund. Eine zu enge Orientierung an den geplanten Programmen, die diesem Ziel im Weg steht, sollte daher unbedingt vermieden werden.

Für die Durchführung der Programme in dieser Schwelle können auf Grundlage der teilnehmenden Beobachtung verschiedene Verhaltensweisen zusammengefasst werden.

Die Interaktion ist in diesen Kursen eher gering ausgeprägt, da die Teilnehmer mit sich, der Aufgabe und der Orientierung an der Kursleitung (die erklärt, demonstriert und unterstützt), beschäftigt sind. Die Interaktion der Gruppe ist daher noch stark von außen angeleitet und eine Stundengestaltung, mit freier und selbstständiger Bewegung in den Gruppenspielen, kann noch nicht vorgenommen werden. Die Aufgabe ein bekanntes Spiel zu erklären, kann nur mittels nonverbaler Kommunikationsformen und mit Unterstützung bewältigt werden. Verbale Erklärungen sind eine zu hohe Anforderung, weshalb mit Bewegungselementen auf das entsprechende Spiel und den Ablauf hingedeutet wird. Reaktionen auf ein vorgegebenes Signal sind in neuen Zusammenhängen schwierig umzusetzen, werden aber oft über mehrere Kurseinheiten (wieder-) erlernt. Die eigene Wiedererkennung wird bereits wahrgenommen und vermittelt den Teilnehmern das Gefühl einer Fähigkeit („Ich kann das") und zunehmendes Wohlbefinden im Umgang mit den gestellten Aufgaben. Links-Rechts-, sowie Farberkennungsschwächen sind sehr ausgeprägt. Bei Hinweis auf die richtige Farbe oder Richtung sind die Teilnehmer zunächst überfordert mit der Aufgabenstellung (z.B. „Gib den Ball nach rechts weiter").

Die beschriebene Reaktion der Teilnehmer auf beliebte Musik während der Übungen, durch spontanes rhythmisches Bewegen, wird in zweierlei Hinsicht bewertet: Der positive Aspekt ist eine Hebung von Stimmungslagen und positiven Assoziation zu bestimmten Kursinhalten. Ein negativer Aspekt kann die Ablenkung und Störung der Konzentration auf eigentliche Inhalte sein.

Aufbau und Entwicklung von Bewegung: Übergang in die Zielorientierung

In den Kurseinheiten um die Schwelle Bewegung wird die eigene Motivation der Teilnehmer aufgegriffen und mit den verschiedenen Kursinhalten und Methoden weiter ausgebaut. Die Vorgänge in bekannten Abläufen sollen weiter aktiviert, verdeutlicht und trainiert werden und die Entdeckung vorhandener Fähigkeiten und Fertigkeiten ermöglichen. Die Bewältigung neuer und komplexerer Spiele und Übungen rückt zunehmend in den Vordergrund. Neben der Wiederholung von bewährten Inhalten werden verschiedene Spiele eingeführt, die zunehmend gruppendynamisch wirken und individuelle Entwicklungen weiterhin berücksichtigen.

Neben Teilnehmern, die aufgrund fortschreitender Entwicklung aus der Schwelle Motivation vorrücken, sind leistungsstärkere, bewegungsferne Beschäftigte, die eine selbstständige Aufnahme von sportlicher Aktivität aus unterschiedlichen Gründen bisher gemieden haben, für einen Quereinstieg in die Maßnahmen angesprochen worden. Auch um mögliche Gesundheitsrisiken zu vermeiden, werden die Gründe körperlicher Inaktivität nachgefragt und bei der konkreten Aktivierung berücksichtigt. Es werden Komplexitätssteigerungen für unterschiedliche Leistungsstände angeboten, damit die Subjekte ihre Aktivität selbstständiger gestalten und nach eigenem Ermessen an den Kursen teilnehmen können.

Die Teilnehmer an Kursen um diese Schwelle können verschiedene Zusammenhänge in der sportlichen Aktivität bereits unmittelbarer wahrnehmen und sich Aufgaben stellen. Durch Wiederholungen mit behutsamer Steigerung der Anforderungen werden eigene Bewältigungsstrategien entwickelt und mehr Sicherheit aufgebaut. Bestimmte Ausführungen werden zur Routine, wodurch gegenseitiger Unterstützung erleichtert wird und soziale Bezüge gefestigt werden. Die Teilnehmer werden schrittweise in die Gestaltung der Einheiten einbezogen und die eigene Aktivität wird als förderlich für gemeinsame Anstrengungen vermittelt. In den Gruppen mit weiterhin heterogenen Leistungsständen wird zur Routine, die Selbstgefährdung zu vermeiden und Fremd- gefährdung einzuschätzen. Die zeitliche Struktur aus den Kursen der Motivationspha- se wird beibehalten und die Wiederholung und Veränderung der Programme orientiert sich zunehmend an dem Interesse der Teilnehmer an den Inhalten.

Die Förderung in Richtung zunehmender Selbstständigkeit beinhaltet unter anderem die Entwöhnung von Sonderbehandlungen, z.B. in Form der persönlichen Abholung am Arbeitsplatz. An das selbstständige Erscheinen zum Kurs werden die Teilnehmer daher in dieser Schwelle schrittweise herangeführt. Vor allem nach langen Urlaubs- oder Krankheitsepisoden werden sie am Morgen des Kurstages von den FAB und etwa eine Stunde vor Beginn des Kurses erneut von der Kursleitung erinnert. Insge- samt wird die Teilnahme weiterhin als Angebot ohne Pflichtcharakter kommuniziert. Potenziellen Aussteigern wird der Wiedereinstieg, der Kurswechsel oder die seltenere Teilnahme offeriert.

Vor Beginn mit dem Aufwärmen findet eine Begrüßungsrunde statt, um Rituale fort- zuführen und den Teilnehmern Raum für Anregungen und Wünsche zu geben. Der anschließende Einstieg in die Bewegung kann zunehmend offener mit Aktivierung nach individuellen Bewegungsbedürfnissen gestaltet werden. Je nach Gruppenkons- tellation, kann dazu Zeit für freie Bewegung im Raum mit beliebigen Geräten gege- ben werden oder ein kleines Spiel zur Einstimmung durchgeführt werden. Vor allem einfache und leicht durchzuführende Spiele mit wenig neuen Elementen eignen sich hier für einen gemeinsamen Stundenbeginn in guter Stimmung. Auf gewünschte oder vorgeschlagene Inhalte oder den Wunsch von Musik als Hintergrundbegleitung sollte eingegangen werden.

In den Spielen wird deutlich, dass die Aufmerksamkeit der Teilnehmer gefordert ist. Sie können die Aufforderungen als Startsignal verstehen und auf die Gruppe oder die Kursleitung reagieren. Die Kursleitung bekommt bei diesen Spielen einen guten Überblick über Leistungsstände bzw. Tagesform und kann dies in dem weiteren Ver- lauf der Stunde berücksichtigen. Auch bei neuen Teilnehmer*innen können geplante Kursinhalte angepasst und spontan verändert werden.

Für den Hauptteil können in dieser Schwelle bereits stark vereinfachte Formen von Sportspielen mit eingeplant werden. Mit Varianten und der Übung von Teilaufgaben, wird möglicherweise auch an Spiele mit Wettkampfcharakter herangeführt. Die Kom- plexität der Teilaufgaben kann darin variiert und gesteigert werden. Die Herausfor- derung besteht hier in der selbstständigen Bildung von zwei gleichgroßen Gruppen. Schwierigkeiten können der noch fehlende Überblick über die gesamte Gruppe so- wie stark ausgeprägte Dyskalkulien sein. Hier besteht für die Kursleitung in einem ersten Schritt die Möglichkeit, die Einteilung unter Einbeziehung aller Teilnehmer vorzunehmen. Die Teilnehmer*innen können die Einteilung zunächst ‚von außen‘ beobachten, schrittweise nachvollziehen, später mitbestimmen und langfristig in Eigenorganisation durchführen.

In der Organisation des Aufbaus von Spielfeldern können Schwächen in kognitiven und motorischen Fähigkeiten den Teilnehmern Schwierigkeiten bereiten. Hier sind zunächst kleine Teilaufgaben zu verteilen, die über mehrere Einheiten immer von der gleichen Person oder Zweierteams übernommen werden. Sie können sich so zu Experten für die entsprechenden Aufgaben entwickeln, die in einem nächsten Schritt anderen gezeigt werden. Das Verteilen von Zuständigkeiten fördert die Identifikation mit Aufgaben und steigert die Bereitschaft zu deren Ausführung und dem Vorzeigen der Ergebnisse.

In den ersten Versuchen, neue Spiele durchzuführen, können die Teilnehmer zunächst abwartend reagieren. Dies ist begründet im mangelnden Verständnis für den Ablauf, die einzelnen Aufgaben und die Regeln. Gegebenenfalls beteiligen sich nur Einzelne und es kann weder Gruppendynamik noch Spielfluss zustande kommen. Das erneute Vorzeigen und Mitspielen der Kursleitung sowie das Üben einzelner Elemente des Spiels sind dann angemessene Hilfestellungen. Durch Wiederholung und die Erprobung in Teilaufgaben können schrittweise Bezüge zu dem Gesamtablauf des Spiels aufgebaut werden. Wenn einzelne Bewegungen verbunden und die Aufgaben gemeinsam bewältigt werden, kann ein interaktiver Spielfluss entstehen.

In neuen Spielen, die in Ablauf und Zielsetzung erklärt werden müssen. können bereits erste Spielregeln eingebaut werden. Im Anschluss an ein größeres Ballspiel im Hauptteil kann zum Abbau des Aktivitätslevels und in Vorbereitung auf die Entspannung ein kleines Spiel mit geringerer Bewegungsintensität durchgeführt werden. Je nach Erschöpfungsgrad der Teilnehmer und Intensität des Hauptspiels, eignet sich ein ruhiges Konzentrationsspiel oder ein Aufwärmspiel aus der Schwelle Motivation. Dabei soll die Forderungen an Wahrnehmung und geistige Verarbeitung fortgeführt werden, während die körperliche Aktivität bereits abnimmt. Das Erinnerungsvermögen, die Konzentration, die Teamfähigkeit und die Raumorientierung sollen angesprochen und gestärkt werden.

Für die Entspannungsphase stehen leichte Dehn- oder Atemübungen, angeleitete Massage oder Progressive Muskelentspannung auf dem Programm. Mit der aktivierenden Entspannung sollen Teilnehmer*innen in eine Erholung gebracht werden, ohne eine Tiefenentspannung zu erreichen, damit im Anschluss eine aktive Rückkehr an den Arbeitsplatz möglich bleibt. Priorität ist die angenehme Gestaltung des Stundenabschlusses, damit die Teilnehmer den Kurs mit positiven Eindrücken verlassen. Diese sollen in die anschließende Wiederaufnahme der Beschäftigung übertragen werden können und die Motivation für die folgende Kurseinheit ebenen. Konkrete Beispiele sind eine partnerweise „Wetter-Massage“, eine Eigenmassage mit dem Igelball oder die Anleitung von Progressiver Muskelentspannung durch die Kursleitung.

Für die Durchführung von Kursen um die Schwelle Bewegung können verschiedene beobachtete Vorgänge aus der dokumentierten Praxis des Forschungsprojektes zusammengefasst und verallgemeinert werden.

a) Der Bedarf an Ritualen und immer wieder kehrenden Abläufen bleibt von Seiten der Teilnehmenden weiter bestehen. Aufmerksamkeit und Konzentration sind dabei zunehmend auf die Gruppe und die Kursinhalte gelenkt, wodurch mehr und selbstinitiierte Interaktion entsteht. Die Durchgängigkeit der Konzentration und der damit einhergehenden aktiven Teilnahme, stellt weiterhin eine Herausforderung dar.

b) Die Bewegung in bekannten Zusammenhängen erfolgt sicherer und öffnet die Bereitschaft für Neues, dies aber in kleinen, machbaren Schritten. Im Gegensatz zu Kursen mit niedrigeren Anforderungen wurden durch die erlangte Sicherheit, durch zunehmende Intensität und Bewegungsdauer aber auch konditionelle Grenzen sichtbar, die sich teilweise in Erschöpfungszuständen zeigten. Auch die Bereitschaft sich in der Ausführung von Übungen und Spielen korrigieren zu lassen und andere Techniken zu erproben, entwickelt sich. Sie bleibt dabei jedoch abhängig von spontanen Stimmungen, Tagesformen, Gruppenzusammensetzungen und Interesse an der jeweiligen Bewegungsform.

c) Das Aktivitätsniveau ist noch überwiegend an die Aufmerksamkeit und Anleitung der Kursleitung und die durch sie erlangte Bestätigung gebunden. Während in bekannten, einzelnen Abläufen (Teilaufgaben) eine eigenaktive Bewegung möglich ist, befindet sich das selbstständige Fortführen von Spielen im Hauptteil, vor allem bei Distanzierung der Kursleitung, noch im Prozess. Mit entsprechend hoher Bewegungsbereitschaft, reagieren viele Teilnehmer in diesen Spielen positiv auf die aktive und gleichberechtigte Teilnahme der Kursleitungen. Vereinzelt ist in Ansätzen das Interesse an Spielen mit Wettkampfcharakter zu beobachten. Der zählbare Erfolg (Tore oder Punkte) und der Triumph über die andere Mannschaft werden wahrgenommen und können motivationsfördernd wirken, haben jedoch noch kein ausschlaggebendes Gewicht. Spontaner Übermut und Ausgelassenheit werden in besonders anregenden Spielen beobachtet und zeigen die Freisetzung ungeahnter Energien. Auf Vermeidung von Selbst- und Fremdgefährdung sollten Kursleitungen ein besonderes Augenmerk richten.

Aufbau und Entwicklung von Handlung: Übergang in sportliche Angebote

Die Planung und Durchführung von Kursen um die Schwelle Handlung zielt auf die Festigung erlernter Abläufe und Bewegungen sowie die Weiterentwicklung eigener, sinnhafter Handlungen. Die Berücksichtigung von motivationalen Aspekten sowie

Elementen, die die Bewegungssicherheit der Teilnehmer fordern, bleibt erhalten.

Die Dynamik des Modells ermöglicht die Anwendung von miteinander verzahnten Inhalten, in welchen die Wechselwirkung der Schwerpunkte Motivation, Bewegung und Handlung in unterschiedlicher Gewichtung zum Tragen kommt. Die Kurse um die Schwelle Handlung finden auf dem relativ höchsten Leistungsniveau statt, auf dem die Entwicklung von Fähigkeiten zur Bewältigung komplexer Bewegungs- und Handlungsabläufe angestrebt wird. Die Inhalte bauen auf vorhandene Motivation und Bewegungssicherheit und entwickeln sie in der Wechselwirkung mit neu erlernten und selbstständigeren Handlungen gleichzeitig weiter.

Zielgruppe dieser Kurse sind leistungsstarke Beschäftigte, die jedoch ihre Energien nicht gut kontrollieren und zur Ausführung von Arbeitsaufgaben nutzen. In diesem Zusammenhang deuten meist starke Konzentrationsschwächen, Unruhe, mangelnde Teamfähigkeit und verschiedene weitere psychische und soziale Auffälligkeiten darauf, dass Bewältigungsfähigkeiten salutogenetisch zu verbessern sind. Die Programme stabilisieren kontrollierte und geregelte Abläufe und ermöglichen regelgeleitete Abläufe im Gruppenzusammenhang. Im Rahmen der selbstbestimmten Teilnahme werden die Subjekte dabei begleitet, vorhandene Fähigkeiten zu entdecken, auszubauen, zu kontrollieren und schrittweise auf Arbeitsaufgaben zu übertragen. Die aktive Beteiligung der Teilnehmer an der Organisation und Gestaltung der Kurse ist ausgeprägter als in vorangehenden Kursen.

Mit Erfolgserlebnissen soll die Freude an sportlicher Aktivität im Gruppenzusammenhang weiterhin aufrechterhalten werden. Dazu werden verschiedene Kontexte des Sporttreibens in der Gruppe in den Mittelpunkt gestellt: Die Freude aus der gelungenen eigenen Handlung wahrnehmen, die eigene Aufgabenstellung bewältigen, die Sinnhaftigkeit in Spielen und Übungen erkennen und das wirkungsvolle Miteinander begreifen. Individuelle Lernerfolge werden weiterhin festgehalten und gewürdigt. Inhaltlich werden das regelgeleitete Handeln im Sport und die sportartspezifische Aktivität ausgebaut. An wettkampf- und vergleichsorientiertes Sporttreiben wird herangeführt. Interessierten kann die Aussicht auf Wettkampfteilnahmen über die sportartspezifischen Zielgruppenangebote der Werkstatt gestellt oder der Einstieg in einen geeigneten Verein als Möglichkeit der sportlichen Weiterentwicklung vorgeschlagen und gegebenenfalls mitorganisiert werden. Soweit möglich, wird inklusives Sporttreiben in zunehmender Eigenverantwortung gefördert.

Das eigenständige Erscheinen wird in diesen Kursen überwiegend vorausgesetzt. Doch auch Leistungsstärke und hohe Bereitschaft zu Bewegung schließen nicht zwangsläufig Fähigkeiten wie Zeitgefühl und sichere räumliche Orientierung ein, die diese Selbstständigkeit ermöglichen. Daher werden diejenigen Teilnehmer, die sich zeitlich und räumlich orientieren können beauftragt andere auf dem Weg zu dem Kursort abzuholen. Bei der Ankunft wird bis zum Kursbeginn eine freie, von dem Programm unabhängige Bewegung mit beliebigen Geräten angeboten. Die Teilnehmer*innen können sich nach individuellem Belieben mit oder ohne Geräte, allein, zu zweit oder in kleinen Gruppen abreagiert und akklimatisieren. Die Einführung lockerer Regeln fördert ein friedliches Miteinander und lässt gleichzeitig genügend Freiraum für vielfältige Bewegungsformen.

Der Beginn eines neuen Kurses wird mit einer Begrüßungsrunde eingeläutet. Das Programm wird hier als Angebot von Seiten der Kursleitung und offen für eigene Vorschläge und Wünsche vorgestellt. Auf diese sollte nach Möglichkeit eingegangen werden. In der Aufwärmphase kann sich ein Bild von den tatsächlichen Leistungsständen, tagesformabhängigen Schwankungen und akuten Bedürfnissen gemacht und das Programm gegebenenfalls angepasst werden. Möglichkeiten für diesen Teil der Stunde sind Laufspiele mit wenig Regeln und hohem kreativen Eigenanteil, in die sich jeder Teilnehmer individuell einbringen kann. Bei sichtbaren Unsicherheiten wird durch andere Teilnehmer oder die Kursleitung unterstützt. Stets ähnliche Spielformen können hier als Ritual zu Stundenbeginn eingeführt werden. Neue Spiele oder wechselnde Elemente in bekannten Spielen werden eingesetzt, um das Interesse und die Motivation spontan aufrechtzuerhalten. Das Verständnis der Teilnehmer für den Aufbau einer wirkungsvollen sportlichen Aktivierung, wird zunehmend sensibilisiert. Dazu werden die verschiedenen Möglichkeiten der Erwärmung erklärt und die physiologischen Gründe der Erwärmung und Lockerung von sportlicher Aktivität auf höherem Niveau vermittelt werden.

Für den Hauptteil stehen die Wiederholung und Stabilisierung von bekannten Bewegungen, kombiniert mit neuen Herausforderungen des regelgeleiteten Sports auf dem Programm. Schwerpunkte sind der Ausbau von bereits vorhandener Aktivität sowie die Übernahme von Verantwortungen und Rollen. Im Rahmen von größeren Spielen wird versucht dies umzusetzen. Begonnen wird mit stark vereinfachten Formen der Spiele, die mit angemessener Anforderung, kontinuierlich gesteigert und nach individuellen Bedürfnissen und Fähigkeiten sowie örtlichen Bedingungen spezifisch angepasst werden.

In einem Spiel handelt es sich um eine vereinfachte Form von Volleyball. Die Teilnehmer können durch die wenigen Regeln und klaren Zielvorgaben, mit der Erprobung von Taktiken beginnen. Auf die jeweils einfacheren Varianten der Spiele aus den Bewegungskursen kann nach Bedarf ausgewichen werden. Zum Ende des Hauptteils mit hoher konditioneller Anforderung kann ein ruhiges Spiel zur Förderung kognitiver und koordinativer Fähigkeiten und zum Herunterfahren des Aktivitätsniveaus durchgeführt werden. Ähnlich wie in den Kursen um die Schwelle Bewegung soll auf die Entspannungsphase vorbereitet werden, jedoch in anspruchsvollerer Form. In den ruhigen Spielen, wie z.B. ‚Decken drehen' oder ‚Verkehrspolizist, sind vor allem Konzentration und Teamarbeit und keine konditionellen Fähigkeiten mehr gefragt.

Für die Entspannungsphase kann mit unterschiedlichen Methoden die Rückkehr in den Arbeitsalltag vorbereitet werden. Gymnastische und Dehnübungen im Kreis eignen sich hier, um die Aktivität nicht zu sehr herunterzufahren. Entspannungsübungen und -Massagen können angeboten, sollten jedoch bei Ablehnung von Körperkontakt nicht eingefordert werden. Mit der Erholung aus einigem Abstand zu der Gruppe, kann schrittweise an den Zweck dieses Teils der Stunde herangeführt werden. Teilnehmern, die sich nicht vor Körperkontakt scheuen, kann eine angeleitete Entspannung angeboten werden.

In den durchgeführten Kursen um die Schwelle Handlung wurde beobachtet, dass aufgrund der höheren Aktivität kleine Spiele und Spielformen mit Wettbewerbscharakter bereits zu Gruppendynamiken führen. Diese können sich auch auf niedrigem Aktivitätsniveau sowohl positiv, als auch negativ auswirken. Ein gegenseitiges Ansporen und die Entwicklung von Teamgefühl sind dabei wünschenswerte Entwicklungen, wohingegen die Hyperaktivität oder das Aggressionspotenzial der Teilnehmer Schwierigkeiten für das Spielen in der Gruppe bedeuten können. Für empfindliche Personen kann dies zunächst in negative Belastung oder einer Drucksituation ausarten, für die sie noch keine Bewältigungsstrategien zur Verfügung haben.

Unruhe, Albernheit und Übermut kann besonders in Gruppen mit vielen jungen Teilnehmern die Stimmung in den Einheiten beherrschen. Meist werden diese Verhaltensformen von ein oder zwei auffälligen und dominanten Teilnehmern initiiert und können durch den Einstieg der anderen in Rangeleien ausarten, die vom Kursgeschehen ablenken. In der Durchführung von Spielen mit hohem Konditions- oder Kraftanteil können diese Verhaltensformen genutzt werden, indem der überschüssigen Energie Raum und Ziel gegeben wird.

Mit der individuellen Verteilung von Aufgaben, kann den Teilnehmern das Gefühl von Verantwortung gegenüber der Gruppe und dem Verlauf von Kurseinheiten vermittelt werden. Die Beinflussbarkeit des Kursverlaufs durch die eigene Handlung soll von den Teilnehmern als solche registriert und das eigene Verhalten reflektiert werden können.

Abb. 18: Entspannungsübung mit Igelballmassage

8. ERGEBNISSE

Allgemein belegen verschiedene Fallstudien die grundlegende Bedeutung körperlicher Übung für den Erwerb von Fähigkeiten und Fertigkeiten (R. Sennett 2014, S.21). Die Überraschung und weitergehende Erkenntnis in vorliegendem Projekt war, in welch deutlichem Maße Effekte sportlicher Aktivierung für persönliche Entwicklungen ausgemacht werden können.

8.1 Aussagen der Gruppenleiter

Für das gesamte Vorhaben waren die Aussagen der verantwortlichen Gruppenleiter von entscheidender Bedeutung, weil hier die Bedeutung der Maßnahmen für betriebliche Gesundheitsförderung unmittelbar beobachtet wurde. In problemzentrierten, halbstandardisierten Interviews wurde diese Beobachtung erfragt.

Die Problemzusammenhänge für die Zuordnung der Interviewaussagen gliederten sich folgendermaßen:

1. Individuelle Entwicklung der Kursteilnehmer durch die sportliche Aktivierung

   - Werden Fortschritte werden am Arbeitsplatz beobachtet, ggf. welche?
   - Sind Effekte in der Werkstatt, am Arbeitsplatz erkennbar, welche auf die Aufnahme der sportlichen Aktivität zurückzuführen sind?
   - Aussagen zu beobachteten individuellen und spezifischen Entwicklungen

2. Etablierung der Kurse und Effekte für die Werkstatt.

   - Erleichtert und unterstützt die Attraktivität und Bekanntheit der Maßnahme die Arbeit für die FAB?
   - Welche Aussagen über Kurszusammenhänge werden kommuniziert?

3. Bedingungen in der Werkstatt

   - Vereinbarung der Kurse mit Arbeitsabläufen
   - Eigene Herangehensweisen und Umgangsformen der FAB
   - Zusammensetzung der Kurse (heterogen)
   - Zeitpläne (Einhaltung von Essens- und Pausenzeiten)

4. Bedingungen durch Vernetzung

   - Wie die Zusammenarbeit zwischen Kursen und Werkstatt (Kommunikation, Informationsfluss) ausbauen?
   - Wie die Maßnahmen mit anderen Lebensbereichen außerhalb der Werkstatt abstimmen?
   - Wie das abgestimmte, gemeinsame Vorgehen fördern?

- Wie Widerstände verhindern oder abbauen (z.B. ungesunde Essensangeboten, attraktive Konkurrenz zu Sportangeboten)?

Die Ergebnisse der Befragung wurden von den Hypothesen ausgehend eingeordnet. Der Zusammenhang von sportlicher Aktivierung, Entwicklungsförderung und Arbeitsleistung, wurde von den interviewten FAB als sinnvoll und nützlich bewertet. Die beobachteten Veränderungen im Arbeitsverhalten durch die Teilnahme an der Maßnahme, bestärkten diese Ansicht. Ausgewählte Ergebnisse aus der zusammenfassenden Analyse der Aussagen sind, dass:

- die Beschäftigten einer WfbM mit Anforderungen und Aufgaben konfrontiert werden, die es zu erfüllen gilt. Die dazu notwendigen Fähig- und Fertigkeiten sind jedoch unterschiedlich ausgeprägt;
- der Umgang mit diesen Unterschiedlichkeiten solche Lösungswege erfordert, auf denen die Auswirkungen für den Betriebsablauf nicht allzu sehr ins Gewicht fallen;

„(Entwicklungspotenziale) manchmal sehr niederschwellig, man muss die Erfolge halt im Kleinen suchen, wenn man sich darauf einlässt dann geht das, nicht nur Schachteln falten, sondern auch Sozialverhalten ist eine wichtige Komponente, damit ein Beschäftigter sich nicht selbst im Wege steht, da muss man halt ne Menge dran arbeiten, es ist nicht damit getan hier die Arbeiten zu erledigen, sondern wie benehme ich mich in einer Gruppe, was kann ich machen?"

- die Kombination aus Produktionsdruck und Förderauftrag der WfbM einen erhöhten Leistungsanspruch an die FABs bewirkt;
- die Teilnahme an der Maßnahme bei den Beschäftigten einen besonderen Stellenwert einnahm. Dieser wurde von den Befragten an sichtbarer Vorfreude und angeregten Berichten der Teilnehmer festgemacht;

„[...] reden drüber, zeigen, was gemacht wurde [...]".

„Die Leute fordern das (die Teilnahme am Sport) ein: ‚Ich gehe jetzt rüber zum Sport' [...]".

- die körperliche Aktivität, Mobilität und Koordination sich besonders direkt im Anschluss an die Teilnahmen erhöht zeigten;

„[...] fitter und motivierter...Arbeitsvorgänge laufen schneller, erhöhte Aufmerksamkeit."

- die Entwicklung von mehr Selbstbewusstsein und Veränderungen im Sozialverhalten sichtbar waren;
- die Förderung in sämtlichen Alters- und Leistungsbereichen sinnvoll ist.

„Respekt vor den individuellen Fähigkeiten" (Siehe Anhang XX, WGL BT); *„[...]
Person sehen, dort abholen wo sie stehen, gucken was jemand braucht und individuell
darauf eingehen."* (Anhang F.9)

Die FAB sehen Effekte der BGF-Maßnahme auf die eigene Arbeitstätigkeit in der
erhöhten Motivation von Teilnehmern aus ihrem Zuständigkeitsbereich für die anschließende Wiederaufnahme der Beschäftigung.

Es wurde eine erhöhte Aktivität und Freude unmittelbar nach der sportlichen Aktivierung beobachtet. Vereinzelt war ein insgesamt aktiveres Arbeiten durch den Einsatz
erlernter Fähigkeiten sowie Veränderungen in der Selbstwahrnehmung und –Einschätzung erkennbar. Die vermehrte Kommunikation und Kontaktfreude nach der
Rückkehr erleichterten die Zusammenarbeit mit den Beschäftigten.

Widersprüchliche Effekte zeigten sich in verschiedenen Motiven bezüglich der Teilnahme: Wenn Beschäftigte z.B. die Teilnahme mit Erpressung verbinden (und eigentlich auf Essen als Belohnung aus sind), wenn die Teilnahme in negativer Stimmungslage verweigert wird oder wenn die Teilnahme als Flucht vor ungeliebten Aufgaben
am Arbeitsplatz erfolgt. Letzteres kommt vor allem bei sehr schwachen Beschäftigten
vor, die ohnehin kaum mitarbeiten.

Die befragten FAB sehen es als Aufgabe der WfbM, mehr sportliche Aktivierung und
Abwechslung von der Arbeitstätigkeit zu fördern. Dabei werden die Einstellung von
mehr Personal, zur Verteilung von Verantwortungsbereichen sowie die Vernetzung
der Maßnahmen zur sportlichen Aktivierung mit anderen Lebensbereichen (Wohn-
heim, Eltern, Freizeit allgemein) als entscheidende Vorgänge gesehen.

8.2 Sportmotorische Testungen

Die Überprüfung von Entwicklungen in den sportmotorischen Fähigkeiten der Teilnehmer wurde mit der Durchführung von sportmotorischen Tests vorgenommen. Diese erfolgte zunächst vierteljährlich und ab der zweiten Praxisphase zusätzlich nach
der langen Weihnachtspause von bis zu vier Wochen. Mit den erhobenen Daten sollen
keine vergleichbaren Leistungsniveaus ermittelt, sondern verschiedene Entwicklungsprozesse im Kollektiv der Kurse und von einzelnen Teilnehmern aufdeckt werden.

Die Auswertung unterscheidet sich von gängigen Auswertungsmethoden sportmotorischer Tests, in denen die rohen Testwerte normiert und Normwerttabellen zugeordnet werden. Dazu müssten verschiedene biometrische Daten der Teilnehmer erhoben
werden, nach denen sie kategorisiert werden könnten. Die Ergebnisse wären zudem
mit dem individuellen Ernährungsverhalten und der Gestaltung des Lebensalltags
in anderen Settings der Zielgruppe in Beziehung zu setzen. Da die so produzierten
Normwerte der Vergleichbarkeit von Leistungen zwischen unterschiedlichen Alters-

gruppen und zwischen den Geschlechtern dienen, ist diese Auswertungsmethode für die Forschungsfrage dieses Projektes nicht von Bedeutung.

Die numerischen Ergebnisse aus bis zu 13 Messzeitpunkten der acht verschiedenen Tests wurden für einzelne Teilnehmer, für verschiedene Kursebenen und nach Praxisphasen, jeweils für beide Betriebsstätten tabellarisch erfasst und grafisch aufbereitet

Mit den Daten können Entwicklungen aufgedeckt und nachgewiesen werden. In den Entwicklungen werden sowohl individuelle als auch auf mehrere Teilnehmer*innen zutreffende Entwicklungspfade erkennbar. Testdaten allein ermöglichen allerdings nur begrenzt Rückschlüsse auf die Komplexität von Entwicklungsvorgängen. Daher sollten solche Daten aus parallel durchgeführten Teilnehmenden Beobachtung und auch aus Experteninterviews ergänzt werden, um die breiter angelegten Entwicklungsvorgänge aus der Triangulationsperspektive zu verdeutlichen.

Die Teilnehmer*innen

An den einjährigen Kursprogrammen, die aufeinander aufbauen (vgl. zuvor Schwellenmodell) und von 2012-2015 an 2 Betriebsstätten (BS) der Werkstatt durchgeführt wurden, haben insgesamt 58 Werkstattmitarbeiter*innen teilgenommen.

Hinsichtlich der Voraussetzungen der Teilnehmer*innen an den beiden Standorten sind deutliche Unterschiede zu erkennen:

Standort A: Teilgenommen haben überwiegend „bewegungsferne Beschäftigte", häufig schon in fortgeschrittenem Alter. Vorhanden waren Behinderungen unterschiedlicher und häufig schwerwiegender Art (sog. „schwere Fälle"). Die Beschäftigten sind aus unterschiedlichen Gründen zur Teilnahme gekommen: Übergewicht und wenig Bewegungsaktivität im Alltag waren wichtige Kriterien. Bewegungsaktivierung war oft bereits im Rahmen von Begleitdiensten vorgesehen. Es handelte sich jedoch nicht um eine repräsentative Auswahl für den Standort. Seitens der Werkstatt war jeweils individuelle (externe) Begründung für Teilnahme an sportlicher Aktivierung gegeben.

Standort B: Viele Neumitarbeiter*innen wechseln nach Ende der Schulzeit in die Werkstatt (jünger, vornehmlich Berufsbildungsbereich). Zusätzlich schon länger beschäftigte Mitarbeiter (vor allem aus dem Produktionsbereich) auf eher unspezifische GL Empfehlungen: mal was anderes machen, Aktivierung tut gut). Auch hier erfolgte keine repräsentative Auswahl.

Die Teilnehmer*innen verfügten daher sowohl an den Standorten aber auch in den einzelnen Kursen über ganz unterschiedliche, individuelle Voraussetzungen. Heterogenität der Gruppen kann durchgehend als Grundmerkmal gelten.

Kursprogramm und Testbatterie

Die Aktivierungskurse wurden einmal wöchentlich ca. 60 Minuten durchgeführt. Kursinhalte und Ablauf der einzelnen Stunden orientieren sich an Kriterien für Gesundheitssport (im Rahmen der betrieblichen Gesundheitsförderung) und an spiel- und sportorientierter, motivierender Herangehensweise.

Begleitend zu den Kursprogrammen wurde eine Testbatterie mit gängigen und laut Literatur auch für Menschen mit geistigen Behinderungen geeigneten konditionellen und koordinativen Tests entwickelt und durchgeführt. Die Zusammenstellung der Testbatterie erfolgte für die speziellen Projektzwecke: Zunahme spezifischer sportlicher Aktivierung, indiziert über den Nachweis motorischer Entwicklung anhand von Testdaten zu ausgewählten konditionellen und koordinativen Fähigkeiten (z. B. Verzicht auf energetisch determinierte Schnelligkeitsanforderungen und anaerobe Ausdauer, da aus gesundheitssportlicher Perspektive/Perspektive weniger relevant).

Zusammenstellung der Testbatterie

Orientiert an einem Kernziel des Gesundheitssports (Stärkung physischer Ressourcen) und den Zielen des Projektes wurden Tests zur Ermittlung der Ausdauer, Kraft und Koordination zusammengestellt. Zu einem späteren Zeitpunkt (April 2013) wurde der Test Rumpfvorbeuge zur Ermittlung der Beweglichkeit hinzugefügt.

Kenndaten für alle Tests

Die Testdatenerhebung wurde als Vollerhebung mit den Teilnehmer*innen aller Kurse durchgeführt. In den jeweils einjährigen Praxisphasen wurden im Abstand von 3-4 Monaten Testdaten erhoben. Bei Teilnehmer*innen, die alle drei Praxisphasen durchlaufen haben, liegen daher Daten von bis zu 13 Messzeitpunkten vor. Einschränkend ist darauf hinzuweisen, dass nicht immer alle Teilnehmer*innen während der angesetzten Testzeitpunkte anwesend waren. Testungen wurden dann nach Möglichkeit individuell nachgeholt. Auch sind die Testergebnisse im Zusammenhang der durchschnittlichen Teilnahmehäufigkeit zu betrachten und einzuschätzen: Teilnahmehäufigkeiten durchschnittlich an beiden Standorten zwischen 70-80 % (Krankheit, Urlaub, Arbeit, andere Ereignisse) bezogen auf den Jahreszyklus.

Deutlich erkennbar wird die Heterogenität der jeweiligen Leistungs- und Entwicklungsstände. Dies gilt einerseits für den Vergleich der beiden Standorte, denn es ist erkennbar, dass die erzielten Maximumwerte am Standort B durchgehend höher sind (Vergleich der Maximumwerte).

Tabelle 14: Kenndaten der Sportmotorischen Tests (Maximum, Minimum, Mittelwert)

Sportmotori-sche Tests	Standort	Maximum	Minimum	Mittelwert
Aerobe Ausdauer	B	1458m	162m	646,09m
	A	729m	160m	465,64m
Standweit-sprung	B	1,92m	0,15m	1,11m
	A	1,45m	0,05m	0,61m
Medizinball-Weitwurf	B	9,9m	1,60m	4,48m
	A	5,8m	1m	2,60m
Handkraft	B	25,5	1	12,37
	A	18	5	10,58
Einbeinstand	B	>1min	1s	27,13s
	A	>1min	1s	10,85s
Zielwerfen	B	47 Punkte	0 Punkte	28,84 Punkte
	A	43 Punkte	0 Punkte	25,18 Punkte
Visuelle Wahr-nehmung	B	75 Treffer/Minute	8 Treffer/Minute	37,87 Treffer/Minute
	A	64 Treffer/Minute	0 Treffer/Minute	35,50 Treffer/Minute
Rumpfvor-beuge	B	46cm	0cm	16,96cm
	A	60cm	0cm	15,51cm

Die unterschiedlichen Entwicklungs- und Leistungsstände spiegeln sich ebenfalls in den Mittelwerten, die am Standort B höher sind. Bei der Betrachtung der einzelnen Standorte wird erkennbar, dass die Heterogenität der TN an beiden Standorten sehr hoch ist, wenn die erzielten Maximum/Minimum Werte verglichen werden.

Die weitere und differenziertere Darstellung der Ergebnisse erfolgt auf unterschiedlichen Auswertungsebenen, um Entwicklungen für die Gesamtgruppe bis hin zu individuellen Testprofilen darzustellen:

- Auswertungsebene „Alle Teilnehmer*innen": Testergebnisse die Entwicklung (quantitativ) bei allen TN zeigen

- Auswertungsebene „Alle Teilnehmer*innen eines Standorts": Testergebnisse mit Entwicklung (quantitativ) für alle TN an den Standorten A + B

- Auswertungsebene „Alle Teilnehmer*innen einzelner Kurse (stufen- und standortbezogen)"

- Auswertungsebene „Entwicklungsprofile einzelner Teilnehmer*innen": Fallbeispiele mit individuellen Testprofilen

- Auswertungsebene: Qualitative Merkmale von Entwicklung auf Grundlage von Beobachtungsdaten hinsichtlich der Bewältigung der Testanforderungen, (Triangulationsperspektive)

- Gesamteinschätzung der verwendeten Tests

Auswertungsebene: „Alle Teilnehmer*innen"

Die folgende Grafik zeigt bezogen auf alle Teilnehmer*innen den gesundheitlich relevanten Aspekt, der durch Verbesserung der Ausdauer vor allem für das Herz-Kreislauf-System erzielt wird (gemessen in zurückgelegten Metern in Zeiteinheiten). Zu berücksichtigen ist, dass sich hier die Effekte nicht einfach (z. T. bedingt durch kontraproduktives Ernährungsverhalten) und nicht schnell (v.a. wegen geringen Umfangs von 1 Kursstunde pro Woche) einstellen.

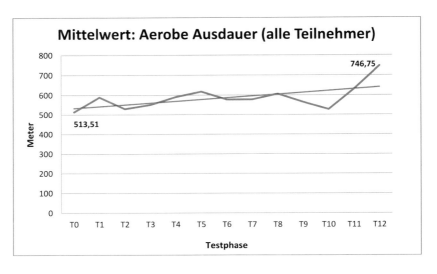

Abbildung 19 Mittelwert: Aerobe Ausdauer (alle Teilnehmer) von T0 bis T12

Der gesundheitlich relevante Aspekt dieser Messung bezieht sich auf höhere Leistungsfähigkeiten in Aktivitäten, die das Herz-Kreislauf-System beanspruchen. Im Bereich dieser Fähigkeiten waren insgesamt Fortschritte zu verzeichnen. An dem Graphen wird sichtbar, dass sich diese Fortschritte nicht kontinuierlich vollzogen haben und auch Rückschritte gemacht wurden, in der Gesamtbetrachtung jedoch mit deutlich steigender Tendenz. Und Effekte werden festgestellt, obwohl das Ernährungsverhalten (z. T. tagesablaufbedingt Essen kurz vor der Kursstunde) möglicherweise einen negativen Einfluss hatte. Die ansteigenden Mittelwerte finden sich auch in den standortspezifischen Auswertungen wieder.

Über die festgestellten Effekte hinaus ist anzunehmen, dass sportliche Aktivität für solche Arbeitsbereiche der Werkstatt nützlich ist, die Bewegungen vom Arbeitsplatz vorsehen oder in denen Tätigkeiten in Bewegung auszuführen sind. Deutlichere Effekte können bei Veränderung des Ernährungsverhaltens der Teilnehmer und bei einer gesteigerten Aktivität, die über eine Teilnahme an den wöchentlich stattfindenden Maßnahmen hinausgeht, angenommen werden.

Die weitere Grafik zeigt Messungen des Tests zur visuellen Wahrnehmung und Reaktionsfähigkeit (Zuordnung von Farben und Formen) für alle Teilnehmer*innen. Wahrnehmung/Reaktionsfähigkeit ist ein grundlegender Aspekt für alle Aufgaben im betrieblichen Alltag.

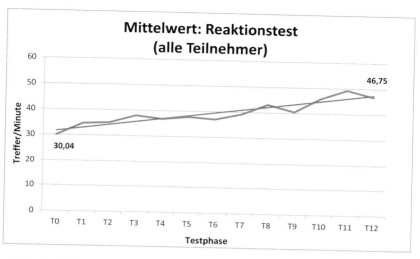

Abbildung 20 Mittelwert Reaktionstest (alle Teilnehmer) von T0-T12

Auch bei diesem Test finden durchgehend Verbesserungen statt. Die Entwicklung verläuft ebenfalls nicht kontinuierlich ansteigend, sondern ist durch sprunghafte Verbesserungen, Entwicklungsplateaus und Rückschritte begleitet. Der relativ stärkere Anstieg der erreichten Testergebnisse bei den letzten Messungen verweist darauf, dass Dauer (mehrjährig) und damit verbundene Kontinuität der Teilnahme an den Kursen einen günstigen Einfluss auf Entwicklungen hat. Zudem kann gezeigt werden, dass hinsichtlich der hier getesteten Merkmale scheinbar noch kein Deckeneffekt hinsichtlich weiterer Entwicklungen erreicht ist.

In den weiteren sechs Tests konnten in den Mittelwerten über alle Testzeitpunkte keine durchgehenden deutlichen Steigerungen der Testergebnisse für alle Teilnehmer*innen beider Standorte ermittelt werden. Daher wir hier auf die zuvor gewählte Art der Ergebnisdarstellung verzichtet. Werden auf der nächsten Auswertungsebene die einzelnen Betriebsstätten jedoch getrennt betrachtet, sind auch hier für weitere Tests standortspezifische Entwicklungen für alle Teilnehmer*innen feststellbar.

Auswertungsebene „Alle Teilnehmer*innen standortbezogen" (Betriebsstätte A)

Neben den bereits dargestellten Entwicklungen bzgl. Ausdauer und Wahrnehmung/Reaktionsfähigkeit, waren in zwei weiteren Tests Entwicklungen im Mittelwert aller Teilnehmer an diesem Standort zu erkennen. Wie zuvor bereits ausgeführt nahmen hier überwiegend ältere, bewegungsferne und wenig leistungsfähige/-bereite Teilnehmer*innen an den Kursen teil.

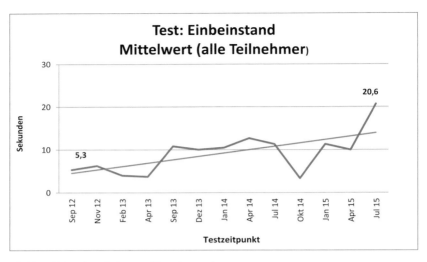

Abbildung 21 Mittelwert Einbeinstand Betriebsstätte A

Beginnend auf einem niedrigen Leistungsstand stellen sich begleitet von starken Schwankungen Fortschritte ein mit einem zuletzt starken Ansteigen der erreichten Testwerte. Dieser Test stellte anfangs und nach Teilnahmepausen eine oft mit Angst (Gleichgewichtsverlust) besetzte Herausforderung für viele TN dar.

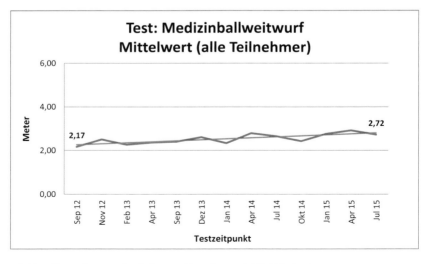

Abbildung 22 Mittelwerte Medizinballweitwurf Betriebsstätte A (alle Teilnehmer)

Die erreichten Verbesserungen sind moderat aber doch feststellbar. Die erreichten Werte sind durch geringere Schwankungen gekennzeichnet als bei anderen Tests.

Auswertungsebene: „Alle Teilnehmer*innen standortbezogen" (Betriebsstätte B)

Hier liegen lediglich Daten für 6 Testzeitpunkt vor, da der Test später eingeführt wurde. Die abnehmenden Werte zeigen zunehmende Beweglichkeit hinsichtlich des Abstands zwischen Boden und Fingerspitzen. Die Entwicklung ist moderat. Bei der Einschätzung aller Testwerte muss beachtet werden, dass die Testanforderungen zunehmend regelkonformer durchgeführt wurden (hier zunehmend korrekter mit durchgedrückten Beinen).

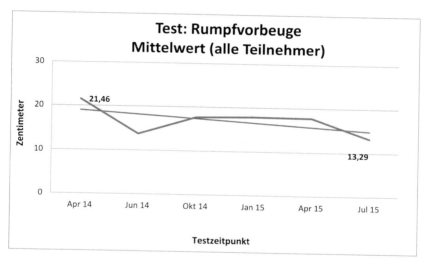

Abbildung 23 Mittelwerte Rumpfvorbeuge Betriebsstätte B (alle Teilnehmer)

Für die Gesamtgruppe und für die einzelnen Standorte kann folgendes Zwischenfazit gezogen werden. Die stagnierenden und z. T. rückläufigen Ergebnisse in den Tests, in denen keine durchgehenden Entwicklungen erkennbar sind, erklären wir aufgrund der dreijährigen praktischen Erfahrung im Wesentlichen durch die folgenden Beobachtungen:

(1) Mit der Testbatterie sollte ein breites Spektrum konditioneller und koordinativer Fähigkeiten abgedeckt werden. In der Durchführung zeigte sich, dass einzelne Test von Teilnehmer*innen hinsichtlich der Anforderungen bei der Durchführung anfangs nicht verstanden wurden, nicht ausgeführt werden konnten. Diese TN konnten nach anfänglichen Schwierigkeiten durchaus die

Tests absolvieren und messbare Leistungen erzielen, die Fortschritte lagen aber mehr in der selbständigen, sicheren und korrekten Ausführung der Testerfordernisse.

(2) Weiterhin war festzustellen, dass manche Tests den TN einfach keinen Spaß machten. Die Motivation von TN, die weniger Probleme mit der Durchführung hatten und z. T. sehr große Potenziale erkennen ließen, war bei einigen Tests nach anfänglicher Neugier oft deutlich rückläufig, was zu geringerer oder wechselnder Anstrengungsbereitschaft und stark schwankenden Testergebnissen führte.

Auswertungsebene „Alle Teilnehmer*innen einzelner Kurse" (stufen- und standortbezogen

Auf dieser Auswertungsebene für TN einzelner Kurse ist in den einjährigen Praxisphasen ein differenziertes Bild erkennbar und es sind deutliche stufen- und standortbezogene Entwicklungen in mehreren Tests erkennbar. In der Betriebsstätte B sind die Entwicklungen häufiger und in höherem Maß nachweisbar. Bei den TN der Betriebsstätte A sind sie häufiger anhand qualitativer Kriterien aus den Beobachtungsdaten erkennbar.

Für folgende Tests wurden an der **Betriebsstätte B** in der Praxisphase 1 (Kurs Bewegungssicherheit) Ergebnisse mit Mittelwertsteigerungen festgestellt: Ausdauer, Zielwerfen, Standweitsprung, Medizinball, Visuelle Wahrnehmung/Reaktionsfähigkeit:

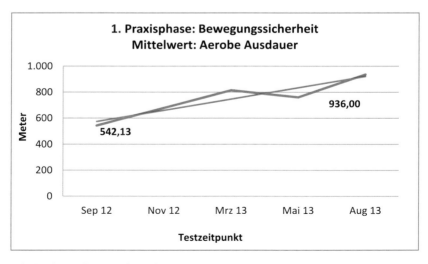

Abbildung 24 Mittelwerte Aerobe Ausdauer, 1. Praxisphase

Bei dieser Gruppe findet ein deutlicher, weniger sprunghafter Anstieg der Leistungen statt.

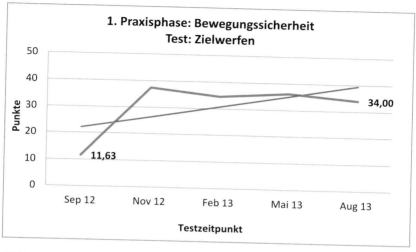

Abbildung 25 Mittelwerte Zielwerfen, 1. Praxisphase

Der größte Fortschritt wird zu Beginn erzielt, danach bewegen sich die Leistungen nahezu auf einem Plateau.

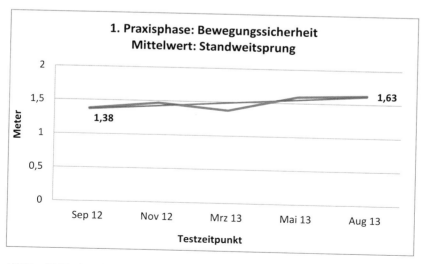

Abbildung 26 Mittelwert Standweitsprung, 1. Praxisphase, Kurs Bewegungssicherheit

Nach einer Phase der Stabilisierung bei den ersten Testzeitpunkten steigen die Werte in zweiten Teil des Kurses moderat an.

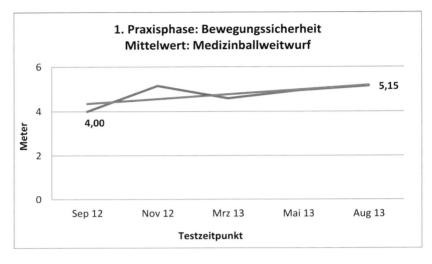

Abbildung 27 Mittelwert Medizinballweitwurf, 1. Praxisphase, Kurs Bewegungssicherheit

Hier ist eine ähnliche Entwicklung wie bei den vorherigen Tests festzustellen. Die Werte sind relativ stabil und liegen nach anfänglicher Steigerung nahezu auf einem Plateau.

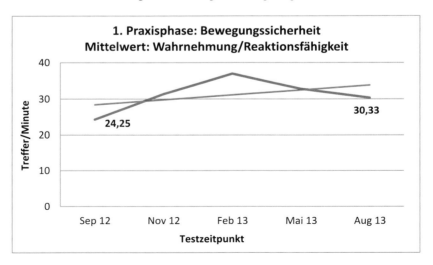

Abbildung 28 Mittelwert Reaktionstest, 1. Praxisphase, Kurs Bewegungssicherheit

Eine lineare Mittelwertsteigerung ist feststellbar, jedoch werden die höchsten Werte in der Kursmitte erzielt und sinken dann wieder leicht ab. Sie verbleiben jedoch auf einem erhöhten Leistungsniveau. Hier handelt es sich um Werte aus der 1. Praxisphase. Um exemplarisch zu illustrieren, wie sich die Testergebnisse für die TN dieses Kurses weiter entwickeln, folgt eine Graphik mit der Darstellung der TN, die auch die weiteren Praxisphasen durchlaufen haben.

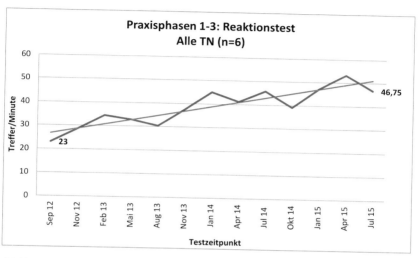

Abbildung 29 Praxisphasen 1-3, alle Teilnehmer (n=6), Betriebsstätte B

Die Entwicklung über drei Jahre verläuft unter Schwankungen aber mit einer bemerkenswerten durchgängigen Steigerung, die zur Verdoppelung der erzielten Testwerte führt. Hier zeigt sich, dass durch kontinuierliche und spezifische Förderung auch kontinuierlich Fähigkeiten bei Menschen mit geistiger Behinderung weiter entwickelt werden können. Zugleich verweist dieses Ergebnis darauf, dass die konzeptionelle Herangehensweise in den Bewegungsprogrammen die Entwicklung dieser koordinativen Fähigkeiten deutlich begünstigt.Für folgende Tests wurden an der **Betriebsstätte A** in unterschiedlichen Praxisphasen Ergebnisse mit Mittelwertsteigerungen festgestellt: Ausdauer, Einbeinstand, Rumpfbeuge, Zielwerfen, Medizinballweitwurf.

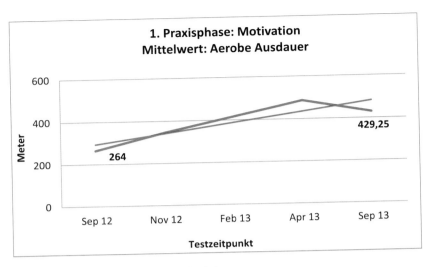

Abbildung 30 Mittelwert Aerobe Ausdauer, 1. Praxisphase

Im Vergleich zur Betriebsstätte B liegen die erreichten Werte deutlich niedriger. Sie steigen über den einjährigen Zeitraum jedoch weitgehend kontinuierlich an.

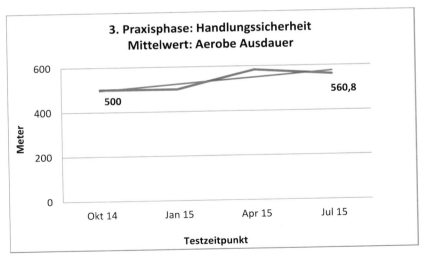

Abbildung 31 Mittelwerte Aerobe Ausdauer, 3. Praxisphase

Das Leistungsniveau ist mit moderater Verbesserung gestiegen. Die Entwicklung erfolgt relativ konstant.

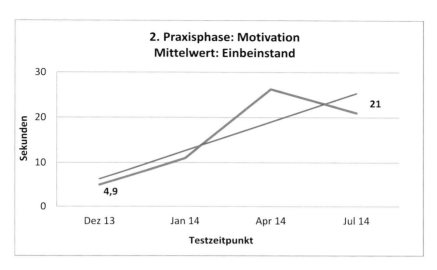

Abbildung 32 Mittelwert Einbeinstand, 2. Praxisphase

Festzustellen ist eine starke Steigerung ausgehend von anfangs geringer Leistungs-fähigkeit.

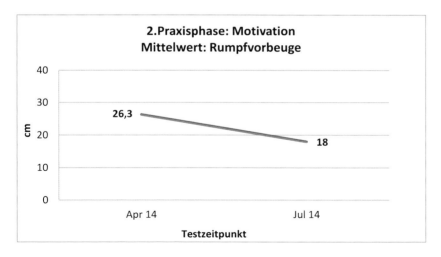

Abbildung 33 Mittelwert Rumpfvorbeuge, 2. Praxisphase

Für diesen Kurs liegen nur zwei Testzeitpunkte vor, da dieser Test später eingeführt wur-de. Die Werte zeigen deutlich verbesserte Beweglichkeit beim zweiten Testzeitpunkt.

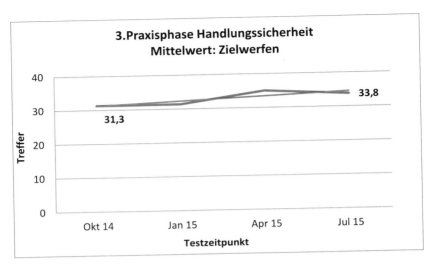

Abbildung 34 Mittelwert Zielwerfen, 3. Praxisphase

Festzustellen ist eine geringe bis moderate Steigerung der erzielten Treffer ohne größere Schwankungen in den Testergebnissen.

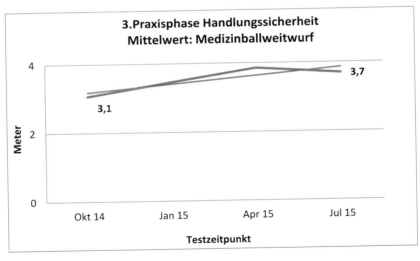

Abbildung 35 Mittelwert Medizinballweitwurf, 3. Praxisphase

Hier zeigt sich ein ähnliches Bild wie bei der vorherigen Test: geringe bis moderate Steigerung bei weitgehend konstant verlaufender Entwicklung.

Auf dieser Auswertungsebene werden die Unterschiede zwischen den Teilnehmer*innen aus den jeweiligen Betriebsstätten hinsichtlich der Entwicklungsstände und des Leistungsvermögens deutlich. Unter Einbeziehung von Beobachtungsdaten kann konstatiert werden, dass nicht alle Tests für alle Entwicklungsstände geeignet sind. Die Teilnehmer*innen der Betriebsstätte A benötigen einen längeren Zeitraum und mehrere Wiederholungen, um einige Tests absolvieren zu können. Verbesserungen zeigen sich dann häufig in späteren Praxisphasen.

Auswertungsebene „Entwicklungsprofile einzelner Teilnehmer*innen"

Hier werden Beispiele für nachgewiesene Entwicklungen von Teilnehmer*innen vorgestellt, die sich in den Testergebnissen der Mehrheit der Tests zeigen. In diesem Zusammenhang kann von individuellen Entwicklungspfaden gesprochen werden. Zudem soll verdeutlicht werden, dass Entwicklungen bereits nach einjähriger Teilnahme deutlich erkennbar sind, aber auch über längere Zeiträume anhalten können, ohne dass Deckeneffekte erreicht werden. Es werden 2 individuelle Testprofile für unterschiedliche Teilnahmedauer von 1 bzw. 3 Jahren gezeigt.

Entwicklungspfad D.L. (1 Jahr teilgenommen):

Entwicklungen anhand der Testdaten sind in 5 Bereichen festzustellen: Ausdauer, Beinkraft (Test Standweitsprung), Arm-/Rumpfkraft (Test Medizinballweitwurf), in beiden koordinativen Tests (Tests Zielwerfen und Wahrnehmung/Reaktionsfähigkeit). Beim Test Rumpfvorbeuge ist ein Deckeneffekt zu beobachten, da D.L. von Beginn den gemessenen Bestwert erreichte. Der Testergebnisse beim Einbeinstand sind uneinheitlich. Aufgrund der Beobachtungen sind die Werte sehr stark von der jeweiligen Konzentrationsfähigkeit abhängig. Beim Handkraft-Test sind abnehmende Werte zu verzeichnen, da dieser Test scheinbar nicht motivierte oder aus anderen Gründen nicht die potenziell mögliche Leistung erbracht wurde. Sofern Beobachtungsdaten zu den Testdurchführungen vorliegen, werden diese zur Interpretation der Daten einbezogen.

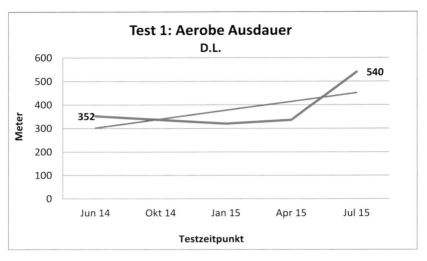

Abbildung 36 Testdaten D.L. Aerobe Ausdauer

D.L. steigerte gegen Ende des Kurses ihre Leistungen, da sich die Tempoeinteilung verbesserte.

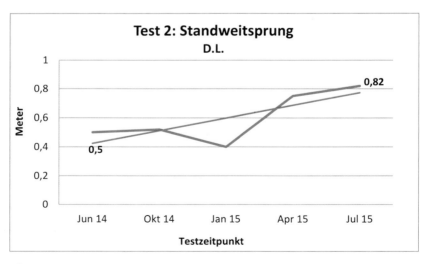

Abbildung 37 Testdaten D.L. Standweitsprung

Die Verbesserungen sind laut Beobachtungen sowohl auf die Optimierung der Bewegungsausführung zurückzuführen als auch auf Kraftzuwachs.

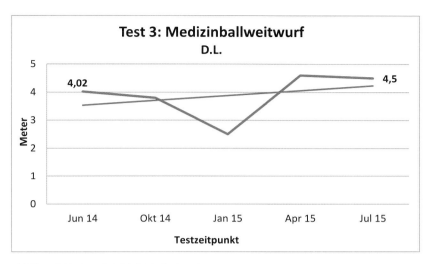

Abbildung 38 Testdaten D.L. Medizinballweitwurf

Die Verbesserungen erfolgen im zweiten Teil des Kurses. D.L. verfügte über mehr Stabilität im Rumpf und eine leicht verbesserte Bewegungsausführung mit mehr Vorspannung.

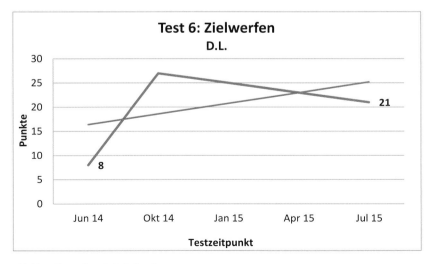

Abbildung 39 Testdaten D.L. Zielwerfen

D.L. lernte und verbesserte sich anfangs sehr stark, experimentierte dann mehrfach mit der Wurftechnik und musste sich dabei stark konzentrieren. So erklären sich die leicht rückläufigen Werte im zweiten Teil des Kurses. D.L. könnte weitere Verbesserungen erzielen.

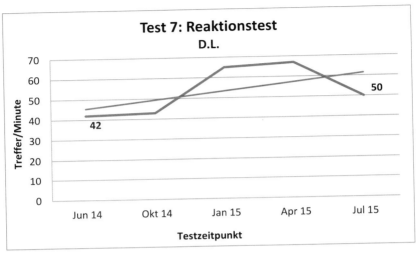

Abbildung 40 Testdaten D.L. Reaktionstest

D.L. verfügt eingangs bereits über gute Wahrnehmungs- und Reaktionsfähigkeit, die im Kursverlauf weiter entwickelt wird. Beim letzten Testzeitpunkt lässt sie sich von anderen Teilnehmern ablenken.

Insgesamt verweisen die Testergebnisse auf Verbesserungen von konditionellen und koordinativen Fähigkeiten. Bei der Teilnehmerin zeigen sich Entwicklungen z. T. schon nach wenigen Monaten, z. T. erst gegen Ende des einjährigen Kurses.

Entwicklungspfad P.B. (3 Jahre teilgenommen):

Entwicklungen anhand der Testdaten sind in 5 Bereich festzustellen: Medizinballweitwurf, Handkraft, Zielwerfen, Wahrnehmung/Reaktionsfähigkeit, Rumpfvorbeuge. Die beim Standweitsprung erzielten Werte sind durchgehend die höchsten aller TN und wären nur bei gezieltem Training steigerbar. Die Ausdauerwerte sind punktuell ebenfalls die höchsten aller TN (über 1.400m in 6 Min.) aber motivationsbedingt stark schwankend, so dass sich keine lineare Entwicklung zeigen lässt. Beim Einbeinstand ergab sich bei der vorgenommenen Art der Messung (bis 60 Sek.) von Beginn an ein Deckeneffekt (Messung bi 60 Sek.).

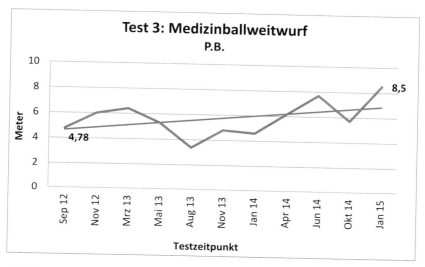

Abbildung 41 Testdaten P.B. Medizinballweitwurf

Bei diesem Test werden stark schwankende Ergebnisse erzielt. Im letzten Jahr erfolgt ein deutlicher Leistungszuwachs durch Entwicklung der Wurftechnik und zunehmend koordinierten Krafteinsatz aus Beinen, Rumpf und Armen.

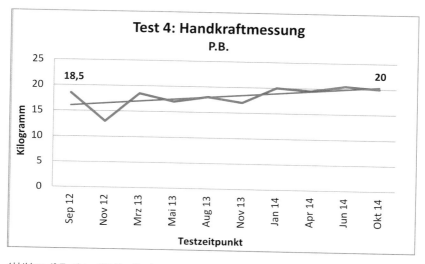

Abbildung 42 Testdaten P.B. Handkraftmessung

Die Steigerung nach anfänglichen Schwankungen ist moderat, da die Handkraft bereits stark ausgeprägt ist.

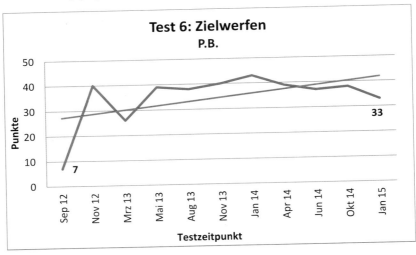

Abbildung 43 Testdaten P.B. Zielwerfen

P.B. erreicht nach anfänglichen Schwierigkeiten rasch ein deutlich höheres Leistungsniveau und kann die erzielten Ergebnisse weitgehend konstant bestätigen. Der Rückgang beim letzten Testzeitpunkt entstand durch Ablenkung durch andere Teilnehmer.

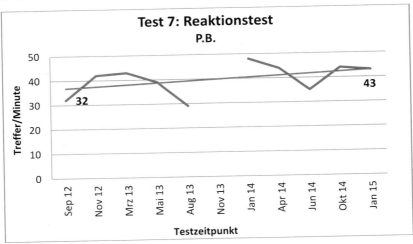

Abbildung 44 Testdaten P.B. Reaktionstest

Die Entwicklung ist erkennbar, verläuft jedoch stark schwankend. P.B. macht tagesformabhängig Flüchtigkeitsfehler. Es fehlt ein Testzeitpunkt.

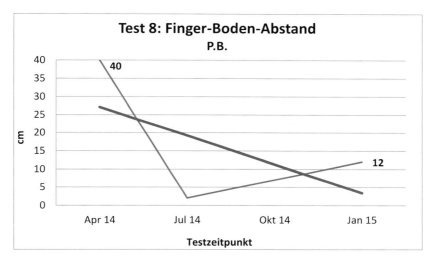

Abbildung 45 Testdaten P.B. Finger-Boden-Abstand

Die Beweglichkeit nimmt deutlich ab, allerdings anfangs bei nicht vollständig korrekter Bewegungsausführung. Bei den letzten Testungen wurden die Werte mit korrekter Bewegungsausführung erreicht. P.B. ist einer jüngeren und leistungsstarken TN. Dies zeigt sich in mehreren Tests, in denen er die Höchstwerte erzielt. Seine Stärken liegen vor allem im konditionellen Bereich. Seine Entwicklungen zeigen sich stärker im Bereich der koordinativen Fähigkeiten. Z. T. sind bei ihm die erzielten Ergebnisse motivationsabhängig, so dass er seine Potenziale nicht immer ausschöpft. Dennoch ist erkennen, dass er über den Zeitraum seiner dreijährigen Teilnahme in mehreren Tests seine Ergebnisse steigern kann (linear).

Gesamteinschätzung der verwendeten Tests

Die verwendeten Tests haben sich in unterschiedlicher Art bewährt und die erhobenen Daten ermöglichen die Feststellung und Objektivierung von Entwicklungen. Die Durchführung mehrerer Test war anfangs bei den älteren, wenig mobilen und bewegungsungeübten TN nicht oder kaum möglich. Wenn Gruppen aus diesem Beschäftigtenkreis mit Bewegungsaktivität beginnen, kann auch den Einsatz motorischer Tests verzichtet werden. Darüber hinaus soll nicht unerwähnt bleiben, dass die Durchführung sehr zeit- und personalintensiv ist, solange die Testabläufe und die jeweiligen Anforderungen nicht weitgehend eigenständig und korrekt absolviert werden können.

Mit fortgeschrittenen TN können die meisten der verwendeten Tests ohne größere Probleme durchgeführt werden. Nicht nur im wissenschaftlichen Gebrauch, sondern auch in der Praxis von Werkstätten sind dabei eine Fülle von intervenieren Variablen zu beachten (bedeutsam vor allem: Motivation, Tagesform, Urlaub/Krankheit, unterstützenden oder störende Abläufe in der Werkstatt, Ernährungsverhalten, Zusammensetzung der TN Gruppe, Durchführungsbedingungen) die die Testergebnisse beeinflussen und deren Interpretation nur im Zusammenhang mit weiteren qualitativen Perspektiven (z. B. Beobachtung) sinnvoll erscheinen lassen.

Für die Evaluierung der durchgeführten Intervention mit aufeinander aufbauenden Kursen waren die Testergebnisse jedoch von hohem Interesse, da sie Nachweise für gesundheitsförderliche Entwicklung ermöglichen. Zugleich sind anhand der Testergebnisse Rückschlüsse von den Wirkungen auf die Konzeption der Kurse möglich. Hier ist bei aller Heterogenität der Teilnehmer*innen hinsichtlich der Leistungsfähigkeit und erzielten Entwicklungsfortschritte eine interessante Schnittmenge erkennbar: Erreichte Werte und Entwicklungsvorgänge bei den koordinativen Fähigkeiten (Vergleich der Testdaten Zielwerfen und Wahrnehmung/ Reaktionsfähigkeit) verlaufen in den meisten Kursen/Gruppen beider Betriebsstätten relativ ähnlich. Bei diesen Testleistungen ist die größte Annäherung bzw. geringste Differenz zwischen den Standorten zu verzeichnen. Scheinbar handelt es sich um einen übergreifenden Entwicklungspfad von allgemeiner Bedeutung „oberhalb" individueller Entwicklungsverläufe und –pfade. Wir interpretieren dies als Effekt des Kursprogramms, in dem umfangreich Übungen und Spiele durchgeführt wurden, die den Einsatz koordinativer Fähigkeiten der Hand-Auge-Koordination und der räumlichen Orientierung erfordern. Die getesteten konditionellen Fähigkeiten wurden hingegen weniger explizit und systematisch angesprochen, sie liefen im Kursprogramm eher mit. Daher finden sich auch unter Berücksichtigung des Formats (1 x pro Woche 60 Min.) keine durchgehenden Entwicklungen für alle TN, sondern nur für einen Teil. Jedoch scheint die Belastungsstruktur in den Kursen insofern adäquat und gesundheitsförderlich, da im Mittelwert für alle TN ansteigende Werte im Ausdauertest ermittelt werden.

Qualitative Veränderungen in der Ausführung der Tests

In der Gesamtbetrachtung der Testergebnisse sind Veränderungen in den sportmotorischen Fähigkeiten nicht unbedingt und notwendig in den quantifizierbaren Ergebnissen nachweisbar, sondern werden zugleich in den qualitativen Veränderungen bei der Bewältigung einzelner und zusammenhängender Testabläufe sichtbar. Individuelle Entwicklungen wurden in der qualitativen Veränderung, hinsichtlich zunehmender Sicherheit in Bewegungen und autonomeren Handlungen festgestellt.

Die Demonstration, Erklärung, Unterstützung und Motivation durch die Kursleitungen, nahm nach der Teilnahme an mindestens drei der ersten Testungen sichtbar ab. Die Teilnehmer zeigten deutliche Anzeichen der Wiedererkennung der verschiedenen

Tests und sie erschienen sicherer und selbstständiger in der Ausführung. Die Durchführung erfolgte schneller und mit weniger Hilfestellungen durch die Kursleitungen. Diese Beobachtungen wurden erstmalig gegen Ende der ersten und zu Beginn der zweiten Praxisphase bei weiterhin Teilnehmenden gemacht (ab T4). Nachfolgend werden die Ergebnisse der teilnehmenden Beobachtung in der Ausführung der verschiedenen Tests dargestellt und mit Beispielen aus den Profilbögen belegt.

Test 1: 6-Minuten-Lauf

Die Durchführung der Lauftestung für die Messung der aeroben Ausdauer gestaltete sich sehr unterschiedlich. In den Testphasen wurden verschiedene Varianten für eine reibungslosere Durchführung erprobt. Die Teilnehmer sind einzeln, in Kleingruppen oder mit der ganzen Gruppe gelaufen. Dies hatte jeweils positive und negative Effekte auf die Messbarkeit von Testergebnissen.

Die Vorgabe eine zuvor abgesteckte und deutlich markierte Fläche in einem gleichmäßigen Tempo zu umlaufen, stellte sich für einige Teilnehmer zunächst als große Herausforderung hinsichtlich räumlicher Orientierung dar. Viele liefen oder schossen die Markierungen bewusst um oder übersahen sie aufgrund ihrer Sehschwäche. Einigen fehlte das Verständnis für den Vorgang des Laufens ohne Spielzusammenhang, wodurch die Testung oft abgebrochen wurde und in mehreren Versuchen wiederholt werden musste. Das Laufen in der Gruppe schaffte in beiden Fällen einen Orientierungsrahmen und führte zu mehr Motivation bei den Teilnehmern. Die Wiedererkennung und Einhaltung der Rahmenbedingungen für den Test wurden insgesamt als Fortschritte verzeichnet.

Es zeigten sich auch sehr motivierte Teilnehmer, die sich das Lauftempo nicht einteilen konnten und zu schnell begannen und schnell erschöpft waren. Erfolge in den Entwicklungen waren hier ein gleichmäßiges Lauftempo über die zu testende Zeit zu halten und sich die Energiereserven für das Ende aufzusparen.

Beispiele aus der Teilnehmenden Beobachtung der Testausführung:

Betriebsstätte A:

- *FJ:* *„Er startet wild und stolpert, versteht dabei erst gar nicht, dass er außen um die Hütchen herumlaufen muss. Läuft sehr schnell und das quer durch die Halle. Nach zwei Runden versteht er das Prinzip, benötigt dennoch durchgehende Unterstützung der KL. Ist über die Hälfte der Zeit sehr schnell, verliert danach jedoch an Tempo.“*

- *AM:* *„Er läuft unkontrolliert los und beachtet zunächst die Markierungen nicht. Er benötigt immer wieder Anweisungen und Hilfe der KL. Er wechselt zwischen Rennen und Laufen und hält kein durchgehendes Tempo. Nach ein paar Runden* *hält er die Hand eines anderen Teilnehmers und läuft bis zum Ende zusammen mit ihm die Runden."*

- *FN: „Rennt motiviert los und ist schnell an der Spitze der Gruppe, bereits in der zweiten Runde hört sich auf zu „laufen" und wechselt über zum schnellen Gehen. Dieses Tempo behält sich bis zum Schluss bei."*

- *NS: „Sie bewegt sich mit dem Rollstuhl sehr gleichmäßig fort. Zusätzlich zu den Händen nimmt sie ihren linken Fuß zu Hilfe, um voran zu kommen. Sie ist sehr rücksichtsvoll und macht den anderen TN zwischendurch Platz zum Überholen. Nach den 6 Min. ist sie ersichtlich erschöpft und hat einen rot angelaufenen Kopf durch die große Anstrengung."*

Betriebsstätte B:

- *TM: „Läuft sehr langsam und muss von der KL motiviert werden. Zwischendurch tritt er gegen die Hütchen oder die Wand. Hat sichtlich keinen Spaß."*

- *KG: „Läuft langsam und gleichmäßig in seinem eigenen Tempo (mit Rollator). Lässt sich von den anderen TN nicht beeinflussen. Am Ende sagt er, dass er es mäßig anstrengend fand."*

- *AH: „Fängt sehr schnell an und wird schnell wieder langsamer. Die Arme nimmt er beim Laufen mit. Findet irgendwann sein Tempo und läuft gleichmäßiger. Zum Ende hin, will er sich auf die Bank setzen, weil er keine Lust mehr hat."*

- *NS: „Er hängt sich zu Beginn an einen anderen Teilnehmer und reagiert nicht auf den Hinweis der KL, dass er ruhig schneller laufen kann. Erst zum Ende hin läuft er schneller und sprintet sogar zwischendurch los."*

- *AS: „Schreit während des Laufens und schießt die Markierungen um. Sagt, dass sie Fußschmerzen habe. Die meiste Zeit geht sie sehr langsam und zeigt, dass sie keine Lust hat."*

Test 2: Standweitsprung

Bei der Messung der Schnellkraft in den unteren Extremitäten mit dem Standweitsprung zeigten die Teilnehmer verschiedene Probleme in der Ausführung. Viele hatten Verständnisprobleme für die Anweisung, sich mit beiden Füßen parallel an die Absprunglinie zu stellen, mit beiden Beinen gleichzeitig abzuspringen und auch wieder zu landen. Die Kursleitung demonstrierte den Ablauf und die Sprungtechnik in jeder Testphase mehrmals und die Teilnehmer konnten sich gegenseitig beobachten.

Bei den einigen Teilnehmern war die größte Hürde sich zu einem Sprung nach vorne zu überwinden. Die Kursleitungen unterstützen hier intensiv mit Hilfestellungen und verschiedenen leichteren Varianten oder Erklärungen, damit schrittweise ein Vertrauen in die eigenen Fähigkeiten aufgebaut werden konnte. Unabhängig von der genutzten Technik oder der kaum messbaren Entwicklungen in der Sprungweite, stellte das Überwinden zu einem Sprung nach vorne einen bedeutenden Fortschritt dar. Die weniger ängstlichen Teilnehmer konnten Schwung aus den Armen oder Vorspannung aus den Beinen für den Absprung miteinsetzen. Entwicklungen wurden in der Veränderung der Sprungtechnik, hinsichtlich des Einsatzes des gesamten Körpers in den Bewegungsabläufen beobachtet. Bei einigen Teilnehmern war das Gelingen einer abgefederten Landung, eines schwunghaften beidbeinigen Absprungs und/oder die beidbeinige Landung ohne Gleichgewichtsverlust ein großer Erfolg. Teilnehmer, denen von Beginn an ein beidbeiniger Absprung nach vorne gelang, zeigten ebenfalls Verbesserungen in der technischen Ausführung und nicht in allen Fällen in der gemessenen Sprungweite.

Beispiele aus der Teilnehmenden Beobachtung der Testausführung Standweitsprung:

Betriebsstätte A:

- *BB: „Sie „hopst" eher nach vorn und schafft dies nur mit großer Mühe. Zeigt sich sehr ängstlich und unsicher und sucht bei jedem Sprung die Hand der KL. Schafft mehrere kleine Hopser hintereinander, aber das mit beiden Beinen. Nach erneuten Hinweisen durch die Knie zu federn, etwas verbesserte Technik."*

- *AW: „Ist sehr steif, beugt die Knie nicht und holt keinen Schwung. Hopst nur wenige cm, eher hoch als weit. Springt mit beiden Beinen ab und landet in Schrittstellung."*

- *BM: „Benutzt die Arme gut mit um Schwung zu holen, kann aber keinen Schwung aus den Beinen für den Sprung benutzen. Springt nach erneuter Erklärung der Technik weiter."*

- *LD: „Beim Schwungholen benutzt er den ganzen Körper, schwingt mit den Armen und durch die Knie vor dem Absprung. Der eigentliche Sprung ist eher steif. Bleibt bei der Landung nicht stehen, sondern macht einen kleinen Nachhopser. Ist tendenziell nicht in der Lage die Sprunggelenke mitzubenutzen. (Starkes Übergewicht)"*

Betriebsstätte B:

- *GA: „Springt zwar mit beiden Beinen ab, landet aber in Schrittstellung."*

- *ML: „Geht den Anweisung der KL genau nach, versucht auch die Arme mit zu schwingen und in die Knie zu gehen."*

- *GK: „Steht sehr eng mit den Beinen an der Absprunglinie und ballt die Fäuste. Springt mit beiden Beinen gleichzeitig ab und landet nach dem Sprung ohne zu wackeln. Sie ist sehr aufmerksam und konzentriert und fällt nur bei einem Sprung leicht zurück. Sagt vor dem Sprung ‚Ich bin bereit‘.“*

- *PM: „Kann selbstständig leicht nach vorne hopsen und mit den Füßen gleichzeitig vom Boden abheben. Zeigt vor dem Sprung in Gebärden an, dass sie bereit ist.“*

In der Gesamtbetrachtung wurden Entwicklungen in der Motivation zu weiteren Sprüngen trotz z.T. fehlender Weite und der Wahrnehmung der erbrachten technischen Leistung als persönlichen Erfolg beobachtet.

Test 3: Medizinballweitwurf

Bei der Testung der Schnellkraft in den oberen Extremitäten und im Rumpf konnten verschiedene Ausführungsschwierigkeiten, aber auch das Mobilisieren erstaunlicher Kräfte bei den Teilnehmern beobachtet werden. Alle Teilnehmer waren in der Lage den Ball mit beiden Händen vom Boden aufzunehmen oder von der Kursleitung entgegen zu nehmen und ihn nach dem Wurf selbstständig wiederzuholen. Sie zeigten sich stets motiviert für weitere Würfe. Für die korrekte Ausführung ist das Hochheben des Balls über den Kopf notwendig. Das gelang einigen Teilnehmern nicht, sie warfen den Ball von unten. Eine Ausführung der korrekten Technik wurde bei diesen Teilnehmern als Erfolg verzeichnet. Mit größerem Krafteinsatz und Koordination gelang es den Ball über den Kopf zu heben. Sie waren sehr konzentriert den Ball in beiden Händen zu halten und schafften es daher kaum die Kraft aus dem Rumpf und den Armen zu mobilisieren, um den Ball weit nach vorne zu werfen. Der Ball fiel dann tendenziell zu Boden und es wurde auf die Wurftechnik von unten ausgewichen. Weitere Ausführungen der Teilnehmer erzeugten Wurflinien, die den Ball mit viel Kraft direkt zu Boden gehen ließen. Hier war wenig Weite zu messen, aber eine Freude bei den Teilnehmern über die entladene Kraft und das laute Geräusch des Aufpralls zu beobachten. Gelang es den Teilnehmern die korrekte Technik mit ihrer Kraft zu verbinden, erzielten sie erstaunliche Wurfweiten. Die inkonstanten technischen Ausführungen erklären daher stark schwankende Testergebnisse.

Beispiele aus der Teilnehmenden Beobachtung der Testausführung Medizinballweitwurf:

Betriebsstätte A:

- *AD: Will beim 2. Mal von unten, statt von oben werfen. Hat sich diesmal jedoch die Linie gemerkt und stellt sich sofort richtig hin.*

- *MM: „Beim 2. Versuch schafft er es nach vorne zu werfen, was jedoch am*

*Messresultat nichts ausmacht. Beim Werfen schließt er die Augen und begrün-
det dies mit starker Konzentration."*

- *IF:* *„Er wirft mir viel Kraft nach vorn, rutscht jedoch jedes Mal kurz vorm
loslassen des Balls mit den Händen ab. Dadurch verliert der Ball an Schwung."*

- *OI:* *„Lässt den Ball eher fallen als ihn nach vorne zu stoßen kann aber mit
beiden Armen hinterm Kopf ausholen. Ihr werden dazu Hinweise zum optima-
leren Einsatz ihrer Kräfte gegeben. Sie steigert sich über die drei Würfe."*

Betriebsstätte B:

- *WM:* *„Kommentiert zu Beginn „Oh ja das kann ich!". Wirft mit beiden Händen und über den Kopf. Sie wirft in einem schönen Bogen (Wurflinie) und benutzt den Körper um Schwung zu holen."*

- *CM:* *„Wurflinie geht tendenziell nach unten und er hält den Ball schief in den
Händen bei der Wurfvorbereitung. Hat im Grunde viel Kraft, ist jedoch nicht
in der Lage diese auf die Wurftechnik zu übertragen und eine entsprechende
Weite zu erzielen."*

- *RM:* *„Er bekommt die Arme beim Werfen nicht ganz nach oben und zeigt große Anstrengung dabei. Er verzieht sein Gesicht und wird ganz rot. Es zeigt
sich, dass er sich große Mühe gibt, und versucht die Arme weit nach oben zu
bekommen."*

- *PM:* *„Lässt den Ball tendenziell fallen. Hat insgesamt eine schwache und
sehr schiefe Körperhaltung, kaum Körperspannung. Sehr motiviert und erfreut
über die eigene Leistung."*

Test 4: Handkraftmessung

Die Messung der Maximalkraft mit dem Handdynamometer bereitete den Teilnehmern Schwierigkeiten, wenn es ihnen nicht gelang den zu drückenden Ballon des
Messgerätes mit der ganzen Hand zu umfassen. Eine Entwicklung war bei Gelingen
der richtigen Technik unmittelbar an dem Messergebnis erkennbar. Teilweise brachten die Teilnehmer kein Verständnis für die Anweisung auf, dass nur mit einer Hand
gedrückt werden durfte, wenn ein wertbares Messergebnis erzielt werden sollte. Für
die Kursleitungen war es schwierig zu erkennen, wann die maximale Kraft tatsächlich
aufgewendet wurde. Die Teilnehmer zeigten sich interessiert an dem Ergebnis und
motiviert für weitere Versuche, um dieses zu steigern.

Beispiele aus der Teilnehmenden Beobachtung der Testausführung:

Betriebsstätte A:

- *AD:* „*Will mit beiden Händen drücken, benötigt somit eine erneute Erklä-rung, dass sie nur mit einer Hand das Gerät festhalten und drücken soll.*"

- *MB:* „*Wechselt selbstständig die Hand, erinnert sich an das Gerät und weiß genau was sie machen soll.*"

- *OI:* „*Hat sehr kleine Hände und kurze Finger. Sie kann den Ballon damit nicht umschließen.*"

Betriebsstätte B:

- *ST:* „*Sagt ihr rechter Arm sei schlapp und will immer die andere Hand zum Drücken mitbenutzen.*"

Test 5: Einbeinstand

Viele Teilnehmer aus den Kursen mit geringen koordinativen Voraussetzungen zeigen in der Testung des Standgleichgewichts, dass sie kaum in der Lage sind dieses zu halten und ihr Körperzentrum zu stabilisieren. In den Ergebnissen befinden sich viele Teilnehmer, die unterhalb der 5-Sekunden-Markierung bleiben. Es waren häufig große Unsicherheit und Angst vor dem Stand auf einem Bein sowie Konzentrationsschwächen erkennbar Die Teilnehmer wirkten bei dem Versuch der Ausführung zwar gehemmt, dennoch wurde auch beobachtet, dass sie es erneut probieren wollen oder um Hilfe bitten, anstelle zu verweigern. Fortschritte wurden in den weiteren Versuchen, an veränderten Körperhaltungen und der Umsetzung der Hinweise für das Herstellen des Gleichgewichts gesehen.

Vielen Teilnehmern aus den leistungsstärkeren Kursen gelang dieser Test sehr gut. Sie schafften es über eine Minute hinaus auf einem Bein zu stehen und das freie Bein dabei vor und zurück zu schwingen. Sie nahmen dieses Ergebnis als eigene Fähigkeit wahr. Starke Schwankungen, die vor allem in der grafischen Darstellung für die Betriebsstätte B erkennbar sind, wurden auf Konzentrationsschwächen, mangelndes Verständnis für den Sinn der Aufgabenstellung und Lustlosigkeit in der Ausführung zurückgeführt. Den Teilnehmern, die diesen Test ohne Probleme ausführen konnten, fehlte hier der Anreiz.

Beispiele aus der teilnehmenden Beobachtung der Testausführung:

Betriebsstätte A:

- *BM:* „*Versucht oft hintereinander und im Wechsel die Beine zu heben, schafft es aber immer nur kurz. Zeigt keine aufrechte Körperhaltung und ist nicht in der Lage sich einen Fixpunkt zur Gleichgewichtsherstellung zu suchen und seinen Oberkörper richtig aufzurichten. Wirkt insgesamt sehr verunsichert. (erkennbar am Gesichtsausdruck)"*

- AJ: *„Will sich fortlaufend irgendwo festhalten und ist irritiert, dass er ohne Hilfe nicht sofort auf einem Bein stehen kann („Hä?"). Versucht es dennoch immer wieder."*

- TR: *„Er ärgert sich, dass er sein Bein nicht länger oben halten kann. Nach dem Hinweis sich einen Fixpunkt zu suchen, funktioniert es besser. Er hält das Bein nach vorn, um sich schnell wieder abfangen zu können. Er zeigt eine Beeinträchtigung der rechten Körperhälfte. Erwähnt, dass er demnächst an einem Bein zur Stabilität eine Schiene bekommt."*

- LD: *„Hat große Probleme das Bein überhaupt anzuheben und muss dabei schon starke Ausgleichsbewegungen mit den Armen machen. Hebt das Bein dann nur minimal vom Boden ab. Es wird deutlich, dass er sich sehr anstrengt und versucht das immer wieder."*

Betriebsstätte B:

- WS: *„Sie fängt an zu lachen, kommt dadurch aus dem Gleichgewicht. Das zweite Bein setzt sie einfach ab, obwohl sie es noch länger hätte halten können, wie sie hinterher sagt und in anderen Testphasen bereits gezeigt hat. Auch ein weiterer Versuch scheitert an ihrem Lachanfall."*

- AS: *„Von Anfang an muss sie starke Ausgleichsbewegungen mit den Armen und dem gesamten Oberkörper machen. Schafft es nicht das Gleichgewicht zu finden und muss schon nach wenigen Sekunden das Bein absetzten."*

- SE: *„Sehr sicher, nach vorne und nach hinten schwingend. Benutzt die Arme zum Ausgleich. Kann das Bein im rechten Winkel nach hinten anwinkeln. Lässt sich aber leicht von Nebengeräuschen ablenken und versucht bei Schwierig- keiten nicht, diese auszugleichen, sondern stellt sein Bein direkt ab."*

- NS: *„Streckt sein Bein gerade nach vorne und lehnt sich dabei mit seinem Oberkörper nach hinten. Sein Bein stellt er direkt wieder ab, obwohl er eini- germaßen sicher wirkt."*

Test 6: Zielwerfen

Die Aufgabenstellung in diesem Test war für die Teilnehmer schnell erkennbar. Das Zielen mit einem Ball auf eine Zielscheibe schien vielen aus anderen Zusammenhän- gen bekannt zu sein. Ähnlich wie in den Tests „Standweitsprung" und „Medizinballweitwurf" stellte in der Ausführung das Einhalten der markierten Abwurflinie eine Schwierigkeit dar. Da es die Vorgabe war, möglichst in die Mitte der Zielscheibe zu treffen, war für einige Teilnehmer der Grund nicht ersichtlich, aus der vorgegebenen Entfernung zu werfen. Ein Verständnis konnte über die Notwendigkeit geweckt werden, dass für alle Teilnehmer gleiche und faire Bedingungen herzustellen sind. Die Teilnehmer zeigten unterschiedliche Wurftechniken und -Geschwindigkeiten. Mit eher schwächeren Würfen konnte teilweise die Wurfwand nicht erreicht werden. Einige sehr wurfstarke Teilnehmer waren in der Lage den Ball nach dem Abprall von der Wurfwand wieder aufzufangen und die Anzahl der Würfe selbstständig zu zählen. Fortschritte wurden auf allen Leistungsebenen in der Verbesserung der Wurftechnik und schnelleren Bewegungsabläufen für den Gesamttest mit zehn Würfen verzeichnet. Für diesen Test zeigten sich die Teilnehmer insgesamt durchgängig motiviert.

Beispiele aus der teilnehmenden Beobachtung der Testausführung:

Betriebsstätte A:

- *AJ:*   „*Wirft mit rechts und von oben, steht in schulterbreiter Fußstellung. Gute Zielanvisierung und Kraftdosierung. Sehr direkte Wurflinie, kann den Ball wieder auffangen.*"

- *OI:*   „*Wirft nach Aufforderung kräftiger und traut sich mehr. Sie zielt gut, die ersten Würfe erreichen aufgrund des geringen Krafteinsatzes nur knapp die Wurfwand.*"

- *MM:* „*Wirft in relativ hohem Bogen und von unten, trifft daher 3x nicht die Wurfwand. Sieht sehr schlecht, merkt aber wenn der Wurf ungültig ist.*"

- *JT:*   „*Eigentlich kräftiger Wurf, jedoch unkoordiniert und oft zu hoch oder zu tief. Er holt weit aus und wirft oft in einem zu hohen Bogen und über die Zielscheibe hinaus.*"

Betriebsstätte B:

- *WS:*   „*Absolviert die Würfe sehr schnell hintereinander weg und locker aus dem Handgelenk, vernachlässigt dabei jedoch das genaue Zielen.*"

- *LP:*   „*Er wirft von oben und setzt dabei seinen ganzen Körper ein. Er zielt genau auf die Scheibe und ist konzentriert dabei.*"

- *WK:*   „*Er ist nicht konzentriert, fängt an zu lachen und lässt sich durch andere ablenken. Er fühlt sich angegriffen, als die KL ihn darauf hinweist sich zu konzentrieren und in die Mitte zu zielen: „Ziel du doch, auf die 50, machs doch besser!". Zielt weiterhin nicht und wirft unkontrolliert.*"

Test 7: Reaktionstest

In dieser Testung zeigten sich insgesamt die deutlichsten Entwicklungen. Nur einzelne Teilnehmer hatten Schwierigkeiten aufgrund von Konzentrations- und Farberkennungsschwächen. Einige konnten nicht auf die Farbansagen reagieren und zeigten in der Ausführung des Tests keine oder willkürliche und fehlerhafte Reaktionen. Teils wiederholten sie die Farbansage der Kursleitung ohne eine Bewegung auszuführen. Blieben die Reaktionen aus oder gab es ausschließlich Fehltreffer, konnte das Ergebnis zahlenmäßig nicht gewertet werden. Bei einigen Teilnehmern war ein Verständnis für die Aufgabenstellung des Tests zu erkennen, jedoch ließ ihre Konzentration im Rahmen der Testminute schnell nach. Dadurch häuften sich Fehltreffer zum Ende der Minute. Fortschritte waren in jeweils unterschiedlicher Ausprägung und Konstellation erkennbar, wenn sich die Teilnehmer in der nächsten Testphase an den Testablauf erinnerten, in der Lage waren die Farben richtig zuzuordnen, auf die Farbansagen reagierten und durch Modelllernen ein Verständnis für die Aufgabenstellung entwickelten.

Bei Teilnehmern mit stärker entwickelten Wahrnehmungsfähigkeiten war auch der Vorgang des Abwägens vor der Reaktion auf die Farbansagen zu beobachten. Sie wollten den Test möglichst gut machen und überlegten sichtbar, bevor sie dann richtig reagierten oder sich gegebenenfalls selbst korrigierten. Von den Kursleitungen wurde dazu genügend Spielraum gelassen, bevor die Farbansage als Hilfestellung wiederholt wurde. Einige Teilnehmer zeigten ein sehr flinkes Vorgehen in der Ausführung, sie konkurrierten mit den jeweils anderen ihrer Gruppe bereits um Geschwindigkeiten und das Erzielen der „meisten Treffer" innerhalb einer Minute.

Beispiele aus der teilnehmenden Beobachtung der Testausführung:

Betriebsstätte A:

- *FJ: „Kann die Farben nicht benennen. Auch nach Hilfestellungen wie „Welche Farbe hat die Sonne?" gibt er falsche Farben an. Nennt einfach verschiedene Farben die ihm einfallen. Man hat den Eindruck, dass er lediglich verstanden hat, dass es um Farben geht und er einfach verschiedene aufsagt oder die Farbansagen der KL wiederholt."*

- *BM: „Zum Ende der Minute wird er etwas langsamer und überlegt länger, in welchen Ring er tippen muss. Einmal scheint er das Kommando vergessen zu haben, und guckt fragend die KL an. Diese wiederholt das Kommando. Insgesamt fehlerfreie und gewissenhafte Durchführung. Setzte den Ball nur, wenn er ganz sicher ist und überlegt zum Ende entsprechend länger."*

- *AJ: „Ihm wird erklärt, dass es nicht um Kraftaufwand geht und es reicht, wenn er mit dem Ball nur kurz in den Reifen tippt. Zunächst deutet er die fal-*

schen Farben an, liegt dann aber oft richtig. Sobald er einen Fehler macht, korrigiert er sich sofort. Geschwindigkeit nicht sehr hoch, dafür eigene Fehlerkorrektur. Fordert im Anschluss die anderen TN auf es auch zu versuchen."

- *RT: „Kann die Farben vor dem Test richtig benennen, hat aber Probleme die Wörter auszusprechen. Beim Test kommt er durcheinander und macht viele Fehler. Er benötigt viel Zeit um die angesagte Farbe anzuzeigen und zeigt starke Konzentrationsschwächen, gibt sich jedoch viel Mühe. Das strengt ihn sichtlich an."*

Betriebsstätte B:

- *YB: „Guckt bei der Testdurchführung die ganze Zeit die KL an, wohl auch um die Kommandos besser deuten zu können (hörgeschädigt). Registriert selbst wenn er Fehler macht. Konzentration lässt zum Ende der Minute stark nach."*

- *GK: „Gute Konzentration, sehr sicher in der Handlung, erst kurz überlegt bevor sie den Ball setzt, um sicherzugehen keine Fehler zu machen."*

- *WM: „Wiederholt während der Durchführung die Farben beim reintippen in die Ringe und wechselt die Hand in der sie den Ball hält öfter."*

- *CM: „Zeigt in der Abfrage vor der Testung Schwierigkeiten beim Benennen der Farben. In der Testung selbst zu Beginn richtige Handlungen. Nach einiger Zeit lässt die Sicherheit extrem nach, vermutlich begründet in Konzentrationsschwäche und Aufmerksamkeitsdefizit. In dem kleinen Fenster der Konzentration macht er alles richtig und wirkt, als ob er wie selbstverständlich handelt und alles verstanden hat."*

Die Beobachtungen unterstreichen die besondere Bedeutung dieser Testungen, da Wahrnehmungsfähigkeit am Anfang der Bewältigungsfähigkeiten steht. Hier konnten durchgehend positive Entwicklung festgestellt werden.

Test 8: Rumpfvorbeuge (Finger-Boden-Abstand)

Die Überprüfung der Wirbelsäulen- und Hüftgelenksbeweglichkeit und Dehnfähigkeit in der rückseitigen Oberschenkelmuskulatur mit dem Finger-Boden-Abstand bot vergleichsweise wenig Spielraum für fehlerhafte Ausführungen. Teilnehmer denen zu Beginn das Verständnis für die Aufgabe fehlte, verstanden und erlernten die Ausführung durch Nachmachen. Die Rumpfvorbeuge war zudem Bestandteil verschiedener Spielzusammenhänge in den regulären Kursprogrammen. Einigen bereitete das Strecken der Arme und Beine bis zum Schluss Probleme, hier wurde der Finger-Boden-Abstand bei durchgebeugten Gliedmaßen gemessen. Einige empfanden die Übung zudem als sehr unangenehm. Eine korrekte technische Ausführung wurde erreicht, wenn die Messung mit gestreckten Armen und Beinen vorgenommen werden konnte und die Teilnehmer sich ohne Demonstration durch die Kursleitung an den Ablauf erinnerten. Dadurch wurde die Rumpfbeuge schwieriger und die erreichten Werte verschlechtern sich leicht. Einige Teilnehmer erreichten aufgrund ihrer behinderungsbedingten Hyperbeweglichkeit mit der flachen Hand den Boden (veränderte Hüftstellung). Hier konnten entsprechend keine Entwicklungen beobachtet werden.

Beispiele aus der teilnehmenden Beobachtung der Testausführung:

Betriebsstätte A:

- AJ: *„Beugt sich zunächst mit gebeugten Beinen vorne über, nach Demonstration durch die KL versteht er die Aufgabe."*

- BM: *„Versteht nur sehr schwer, dass die Beine gestreckt bleiben sollen, bekommt es nur zwischendurch hin, kann die Position aber nicht halten."*

- AM: *„Gemessen wird bei gebeugten Knien. Versucht dem KL die richtige Ausführung mit gestreckten Knien nachzumachen, bekommt es aber nur mit Hilfe hin, seine Knie durchzustrecken, es ist kaum möglich. Auch am Gang fällt dann auf, dass die Knie immer gebeugt zu sein scheinen."*

- OI: *„Kann mit den Fingerspitzen den Boden berühren. Kann sich schnell an den Ablauf der Testung erinnern und zeigt gute Beweglichkeit."*

Betriebsstätte B:

- WM: *„Sie will unbedingt so weit wie möglich nach unten kommen und strengt sich sehr an. Beugt dann die Beine, damit sie auch den Boden berühren kann. Reagiert aber auch sofort auf KL und führt die Übung dann sauber aus."*

- TM: *„Hat sofort verstanden, dass sie das Knie nicht beugen darf und führt die Übung sofort korrekt aus. Strengt sich sehr an."*

- KP: *„Es kann durchgestreckten Beinen gemessen werden. Kann den Boden mit seinen Handflächen berühren."*

- NS: *„Versteht sofort die Aufgabe und kann bei den anderen, vor ihm getesteten sehen was gemessen werden soll. Setzt die Rumpfvorbeuge entsprechend fehlerfrei um."*

Fazit

Individuelle Leistungsschwankungen in den Ergebnissen der sportmotorischen Tests waren stets in Abhängigkeit verschiedener Wirkungszusammenhänge zu beobachten. Die tagesformabhängige Grundstimmung, das allgemeine körperliche Wohlbefinden, die Tageszeit der Testdurchführung, die Gruppenkonstellation und die durchführenden Kursleitungen, hatten jeweils mit unterschiedlichem Gewicht Einfluss auf die Bereitschaft zu den Tests. Akute negative Stimmungslagen ließen sich jedoch während der Tests oft zu positiven wenden. Größere Veränderungen waren vor allem nach längeren Teilnahmepausen erkennbar. Das Ausbleiben der Beschäftigung und der sportlichen Aktivierung aufgrund von Urlaub oder Krankheit über einen Zeitraum von mehr als drei Wochen, führte sichtbar zu Negativeffekten auf die kognitiven, koordinativen und konditionellen Fähigkeiten der Teilnehmer.

8.3 Merkmale der Übergänge

Die Methode der Triangulation ermöglicht es, die Entwicklungen der Menschen mit geistigen und mehrfachen Behinderungen in verschiedenen Blickwinkeln zu untersuchen. Dieses Vorgehen hat sich besonders bewährt, weil es qualitative Zuordnungen absichert, wie sie vor allem in den Zusammensetzungen der Kurse vorgenommen werden. Hierbei handelt es sich nicht um qualifizierende Äußerungen über Defizite, sondern um Einschätzungen der Entwicklungen, die mit bestimmten Anforderungen und Aufgaben in der sportlichen Aktivierung gefördert werden können. Daher wurden in dem Projekt alle die Merkmale bzw. Indikatoren zusammengestellt, die solchen Einschätzungen zugrunde lagen oder diese jeweils nahe legten.

Aus dem Querschnitt der rund 550 Beobachtungsprotokolle und 58 Profilbögen waren verschiedene Phänomene wiederholt nachzuvollziehen. Diesen Phänomenen konnten Wirkungszusammenhänge und Effekte zugeordnet werden. Darüber konnte eine Festlegung von Merkmalen erfolgen, die Beobachtung und Bewertung von qualitativen Entwicklungen ermöglichen. Nachfolgend werden zunächst verschiedene verallgemeinerbare Abläufe und Verhaltensweisen aus den Kursen um die drei Schwellen Motivation, Bewegung und Handlung beschrieben und anschließend rasterartig zusammengefasst.

In den anfänglichen Motivationskursen orientierten sich die Teilnehmer*innen stark an den Kursleitungen oder anderen Teilnehmern, was ihre Bewegungsabläufe unmittelbar stabilisiert. Die Öffnung in Richtung einer Aufnahme und Ausweitung von Bewegung konnte erfolgreich durch den Einsatz von Musik unterstützt werden. Bei ausbleibender Aktivität der Kursleitung oder der anderen Teilnehmer, ließ jedoch auch die eigene Aktivität wieder nach. Auf dieser Ebene waren Aktivitätssteigerungen erkennbar, wenn einzelne Aufgaben wiedererkannt und angenommen wurden. Durch Anleitungen von außen und Wiederholungen, wurden diese Prozesse geduldig unterstützt. Bei der Wiedererkennung beliebter Spiele war eine entsprechend höhere Bereitschaft und eigenständigere Aktivität erkennbar. Verbreitet wurden anfangs Orientierungslosigkeit, Gleichgewichtsstörungen sowie Richtungs-, und Farberkennungsschwächen beobachtet. Das Hinsetzen, sich Entfernen von der Gruppe oder ausbleibende Reaktionen konnten auf zu hohe Anforderungen verweisen.

Das Gelingen von Bewegungsaktivitäten führte zu sichtbarem Spaß an Bewegung und einer aktiveren Teilnahme. Die äußerte sich auch in der Bereitschaft weiter am Kurs teilzunehmen und der erkennbaren Vorfreude auf die nächste Stunde. Auf dieser Grundlage konnte Motivation durch das Gelingen von einfachen und das Angehen von neuen Aufgaben entwickelt werden. Der Einsatz von Materialien und der Umgang damit wirkten aktivierend. Bei neuen Aufgaben zeigten sich zunächst verschiedene Überforderungen, die mit vielen Wiederholungen und Varianten schrittweise abgebaut werden konnten. Steigerungen waren erkennbar, wenn sich die Teilnehmer selbstständig in den typischen Abläufen der Kurse zurechtfanden und sich Vorlieben entwickelten.

Teilnehmer mit niedrigerem Entwicklungsstand fühlten sich in weniger komplexen Spielen sicherer (Innenstirnkreis, Stuhlkreis). Die Bereitschaft sich einzubringen und an dem Geschehen der Gruppe teilzuhaben war dann höher. Gleiches zeigte sich in Spielen mit Alltagsbezug, in denen sie bekannte Handlungen wiedererkannten oder in einen Zusammenhang bringen konnten. Insgesamt erschien die Bewegung in der Gruppe für die Teilnehmer als angenehm. Mögliche positive Wirkungen des Gruppenverbundes wurden in der Orientierung an anderen Teilnehmern und der Ablenkung von der eigenen Person angenommen, um sich unbemerkt in den gestellten Anforderungen ausprobieren zu können. Vorhandene Ängste sich auf unbekannten Wegen und ohne bekannte Bezugspersonen zu bewegen, konnten bei einigen Teilnehmern überwunden werden. Wichtig war dabei sensibel mit erkennbaren Überforderungen umzugehen und das selbstständige Herantasten an die Bewegungen mit eigenen Fähigkeiten zu verbinden.

In bekannten Spielen und Bewegungsaufgaben konnte der Aufbau von Bewegungssicherheit angegangen werden. Die Teilnehmer setzten dann Erlerntes selbstständiger um und unterstützten sich gegenseitig. Der Bedarf von Unterstützung und Rücksichtnahme in der Interaktion der Teilnehmer, konnte von einigen weniger gut eingeschätzt werden als von anderen. Zum Teil wurde hier schon begonnen, eigene Bewegungsvorschläge in die Spiele einzubringen. Es zeigten sich jedoch insgesamt auch Schwierigkeiten im Verständnis und der Einhaltung von Spielregeln. Steigerungen wurden in der Ordnung und Festigung von Aufgaben, Regeln und Rahmenbedingungen der Spiele sichtbar. Dies zeigte sich z.B. auch im Auf- und Abbau und im Umgang mit Materialien. Die freie Bewegung zu Musik und der Umgang mit Bällen wirkten stets motivierend und eigneten sich für viele Teilnehmer als guter Einstieg in das Programm. Die bekannten Inhalte wurden auf dieser Entwicklungsebene häufiger wiedererkannt.

Motivation bleibt auch bei gesteigerter Komplexität der Spiele zentraler Wirkungszusammenhang und zeigt sich weiterhin vor allem in einfachen Aufgaben des Zusammenlebens, beispielsweise der Kommunikation. Die Teilnehmer kommunizierten und interagierten nach mindestens einem halben Jahr aktiver Teilnahme zunehmender, wodurch sich Gruppendynamiken entwickelten. Diese äußerten sich in gemeinsamen Erscheinen oder gegenseitigem Abholen zu den Kursen und Nachfragen bei Abwesenheit von Teilnehmern der Gruppe. Einige übernahmen eigenständig oder auf Nachfrage verschiedene Aufgaben und zeigten Verantwortung in deren Ausführung. Für andere stellte dies noch eine Hürde dar. Manche zeigten sich gleichwohl kooperativ zusammen mit Teilnehmer*innen, von denen sie sich unterstützen ließen. Steigerungen waren insgesamt in länger anhaltenden Konzentrationen und schnelleren Reaktionen auf spontane Veränderungen der Gesamtsituation erkennbar.

In Richtung einer entstehenden und zunehmenden Handlungssicherheit zeigten sich schnellere Reaktionen und höhere Bereitschaft in der Annahme unbekannter Aufgaben. Es konnte auf höhere Konzentrationsfähigkeit und Selbstständigkeit der Teilnehmer in den Spielen und im Verhalten vor und nach den Kurseinheiten gebaut werden. Die Hilfestellung wurde sukzessive reduziert und es wurde nur bei Bedarf Unterstützung geleistet. Ein Mitspielen der Kursleitungen auf Augenhöhe sowie komplexere Regeln und Spiele mit Wettkampfcharakter, wirkten motivierend und lösten Konkurrenzen aus.

Die Teilnehmer der Kurse um die Schwelle Handlung bevorzugten zunehmend Freiräume innerhalb der Kursprogramme, vor allem zu Beginn und am Ende. In den Hauptteilen der Programme forderten sie häufiger Abwechslung und brachten eigene Varianten und kreative Ideen ein. Die Aktivität der Teilnehmer konnte überwiegend aufrechterhalten werden, wenn ausreichend Anreize geliefert wurden, und genügend Freiraum zur eigenen Gestaltung der jeweiligen Aufgaben gelassen wurde. Die Sinnhaftigkeit der Wirkungszusammenhänge und die aktive Gestaltung geraten sukzessive in den Blick und in die Handlungsorientierung. Die Voraussetzungen für bürgerliche Partizipation und gesellschaftliche Inklusion werden besser.

Aus diesen Beobachtungen und dem beschriebenen Vorgehen in der Auswertung ergaben sich die in Tab. 15 dargestellten Merkmale.

Tabelle 15: Entwicklung in sportlicher Aktivierung - Allgemeine Merkmale (Milles 2016)

| | Motivation | | Bewegung | | Handlung | |
	Stabilisieren	Steigern	Stabilisieren	Steigern	Stabilisieren	Steigern
Kognitive Merkmale	Nach-ahmen	Angehen	Umsetzen	Ordnen	Über-tragen	Abwägen
Praktische Merkmale	„In Gang kommen"	Fortführen	Inter-agieren	Sinn aufgreifen	Erproben	Bewirken
Regulative Merkmale	Entproble-matisieren	Rücksicht-nahme	Zugang finden	Reagieren	Unter-stützen	Gestalten

Insgesamt lässt sich die Annahme von generellen Entwicklungen in spezifischer sportlicher Aktivierung bestätigen. Konkretisiert werden diese mit der wechselseitigen Wirkung von Effekten der körperlichen Aktivierung, der Entwicklung von sozialen Kompetenzen und der Herstellung von Wohlbefinden in der Teilnahme. Die Teilnehmer nahmen die Bedingungen der sportlichen Aktivierung schrittweise wahr, erkannten verschiedene Programminhalte und verstanden jeweilige Regeln, konnten individuelle Fähigkeiten erkennen und einsetzen und auf andere Zusammenhänge übertragen.

Die verschiedenen Entwicklungen hinsichtlich der Erkennung von Strukturen, dem Verständnis für Regeln, der Registrierung eigener Fähigkeiten und dem Einfügen in das Gruppengefüge der Kurse wurden mit den Überlegungen zur Schwellenlogik konfrontiert und nach der praktischen Aussagekraft zusammengefasst und gewichtet. Sie konnten dann hinsichtlich kognitiver, praktischer und regulativer Merkmalen geordnet werden (Tabelle 15).

Tabelle 16: Merkmale Motivation (Milles 2016)

| | Stabilisieren | | | Steigern |
	Typ	Erläuterung	Typ	Erläuterung
Kognitive Merkmale	Nachahmen	Starke Orientierung an den KL oder den anderen TN Behutsame Nachahmung der KL und stärkerer TN Musik unterstützt nachahmende Aktivierung Keine eigenständigen Aktionen Problem: Nachhaltigkeit, schnelle Ermüdung, Überforderung	Aufgabe wiedererkennen und annehmen	TN können unter Anleitung Anforderungen verstehen und angehen, brauchen oftmals einige Wiederholungen TN können sich an Spiele erinnern, äußern eigene Wünsche nach beliebten Spielen Aufgaben können bei bekannten Spielen schneller gelöst werden „Fittere" Teilnehmer können Spiele z.T. eigenständig erklären, Motivation der anderen Teilnehmer Teilnehmer bewegen sich eigenständig und ohne Aufforderung
Praktische Merkmale	In Gang kommen	TN wollen wiederkommen Aktive Teilnahme und Spaß an der Bewegung, besonders mit Musik Motivation durch Gelingen einfacher sowie Angehen neuer Aufgaben und Herausforderungen Gegenstände, vor allem die, die Geräusche machen, motivieren zusätzlich Problem der Überforderung	Fortführen	Teilnehmer kennen den typischen Kursverlauf TN haben deutlich Lust auf den Kurs TN schlagen selbstständig Spiele vor Anforderungen können bei bestimmten Spielen mit der Zeit erhöht werden Rolle des KL rückt in den Hintergrund

	Stabilisieren		Steigern	
	Typ	Erläuterung	Typ	Erläuterung
Regulative Merkmale	Entproble-matisieren	TN fühlen sich im Sitzen und Stehen im Kreis sicher und machen mit, unproblematische Atmosphäre Ängste können überwunden bzw. umgangen werden Erleben (Verfolgen) von Wirkungen (Geräusche, Treffer, Bewegungen) TN erkennen Alltags-bezug Problem: Gefahr von Kopplung zwischen Angst und Bewegung vermeiden	Rück-sichtsvolle Unterstüt-zung	Die angenehme und sichere Atmosphäre fördert ungezwun-gene Bewegungen Akzeptanz der Gruppe für nicht so schnelle oder unsicherere Teilnehmer Stärkere versuchen schwächere Teilnehmer zu unterstützen

Tabelle 17: Merkmale Bewegung (Milles 2016)

	Stabilisieren		Steigern	
	Typ	Erläuterung	Typ	Erläuterung
Kognitive Merkmale	Umsetzen	Offene Spiele sind verständlich Musik fördert die Motivation Aber: Schwierigkei-ten mit komplexen Regeln Starke Unterstüt-zung der Teilnehmer untereinander Erinnerungen an bekannte Spiele Nachahmen des KL oder stärkerer Teilnehmer Weitgehend selbst-ständige Teilnahme an den Spielen eigene Bewegungs-vorschläge Leichte Schwierigkei-ten bei der Einhal-tung von Regeln Tagesform der Teil-nehmer schwankt	Ordnen	Offene Spiele werden genutzt Musik fördert die Motivation Teilnehmer sollten beim Auf- und Abbau miteingebunden werden Zu viele Regeln überfordern Erinnerung an Namen Erinnerung an bekannte Spiele Erste strategische Sicht Regeln festigen sich Bindung an durchgehende Aufgabe, sonst Langeweile Teilnehmer erklären sich gegen-seitig die Aufgaben wenige Hilfestellung bei der Durchführung von Aufgaben Rücksichtnahme

	Stabilisieren		Steigern	
	Typ	Erläuterung	Typ	Erläuterung
Praktische Merkmale	Inter-agieren	wenige und einfache Aufgaben motivieren eigenständige Kommandos Gruppenzusammenhalt bei Partner- und Mannschaftsspielen wächst Wettkampfspiele motivieren Kleinere Gruppen ermöglichen Aufmerksamkeit und Entfaltung komplexe Spiele mit viel Material interessieren Teilnehmer kommunizieren miteinander und bewältigen gemeinsam Aufgaben	Sinn aufgreifen	Teilnehmer fühlen sich füreinander verantwortlich und unterstützen sich Konzentration auf eine Aufgabe Interesse an Leistungsvergleich und Wettbewerb Musik als motivierendes Element ist sehr wichtig Spielgeräte machen sichtbar Spaß Variationen und Steigerungen werden grundsätzlich schnell verstanden und angegangen Aber: Schwierigkeiten mit komplexen Regeln
Regulative Merkmale	Zugang finden	Ideen und Spiele werde miteingebracht gegenseitige Hilfe Wenig Abwehr von neuen Spielen und Anforderungen Reiz eines Spiels hängt von einfachem Zugang ab Aber: Sprechkommandos bleiben schwierig	Reagieren	Spiele mit beweglichen Aufgaben (Ball in Laufen und Werfen) sind attraktiv Erfolge durch Engagement und Konzentration auf die Aufgaben Rücksichtnahme untereinander soziale Kompetenz in gemeinsamer Aktivität (Abstimmung, Hilfestellung, Anspornen, Loben) offen für neue TN TN können sich einbringen, schlagen Aufgaben vor

Tabelle 18 Merkmale Handlung (Milles 2016)

	Stabilisieren		**Steigern**	
	Typ	**Erläuterung**	**Typ**	**Erläuterung**
Kognitive Merkmale	Übertragen	Unmittelbare Effekte erhöhen die Motivation	Abwägen	Aufgaben werden gleich verstanden und können direkt umgesetzt werden
		selbstständiges Aufwärmen mit verschiedenen Materialien		Hohe Konzentrationsfähigkeit
		Spiele werden in der Regel erinnert und sofort verstanden; Spielfluss		Komplexere Regeln steigern Motivation
		Zuordnung von Raum und Material		Rückfragen zu bereits durchgeführten Spielen
		Mit steigender Anforderung steigt Motivation		Spielfelder können selbstständig und ohne Hilfe aufgebaut werden
		Neue Aufgaben werden ausdauernd probiert		keine Unterstützung durch KL
		Einbindung schwächerer Teilnehmer		Viel Kommunikation untereinander
		Eigene Formierung (Mannschaften)		Teilnehmer sind in der Lage sich selbstständig Variationen auszudenken
		Wenig Hilfestellung durch KL		
		Anhaltende Konzentration		
		ruhige und angenehme Atmosphäre		

	Stabilisieren		Steigern	
	Typ	Erläuterung	Typ	Erläuterung
Praktische Merkmale	Erproben	Wettkampfspiele fördern Motivation und Aktivität	Bewirken	Offenheit für neue Übungen und Spiele
		freie Aufwärmphase wird intensiv genutzt		Mannschafts- und Wettbewerbsspiele steigern die Motivation
		Variationen und neue Spielgeräte, stete Erhöhung der Anforderungen erwünscht		Selbstständige Orientierung auf Strategien und Taktiken
		Teilnehmer feuern sich gegenseitig an und unterstützen sich; Wechsel der Partner sinnvoll		Erproben selbstständig neue Techniken
		Aber: Nötig sind fester Rahmen und Variationen, die Konzentration ordnen und halten (gegen Langweile, Ablenkung)		Agieren als Team, Teilnehmer unterstützen sich gegenseitig
				Haben Spaß an komplexen und anspruchsvollen Aufgaben
Regulative Merkmale	Unterstützen	Erinnerung und Erklärung bekannter Spiele	Gestalten	Punkte werden selbstständig und korrekt gezählt
		Gegenseitige Unterstützung gehört zum Sinn des Spiels		Spielregeln werden beachtet
		Erfolge werden den anderen Teilnehmern präsentiert		Interesse an der Mitgestaltung des Kursprogramms
		Großer Gruppenzusammenhalt in Aufmerksamkeit, Rücksichtnahme und Integration		Entwickeln Taktiken
		Teilnehmer bringen neue Regeln und Variationen mit ein		Fairness spielt eine große Rolle
		selbstständige Problemlösungen		Teilnehmer unterstützen sich gegenseitig
				Neue Regeln werden gemeinsam in der Gruppe diskutiert

Die Planung der Maßnahmen im Projektverlauf wurde fortlaufend unter Klärung der Merkmale für verschiedene Entwicklungsvorgänge vorgenommen. Diese können im Ergebnis sinnvoll in die curriculare Logik der Kurse und die Handreichungen für die Kursleitungen eingebaut werden.

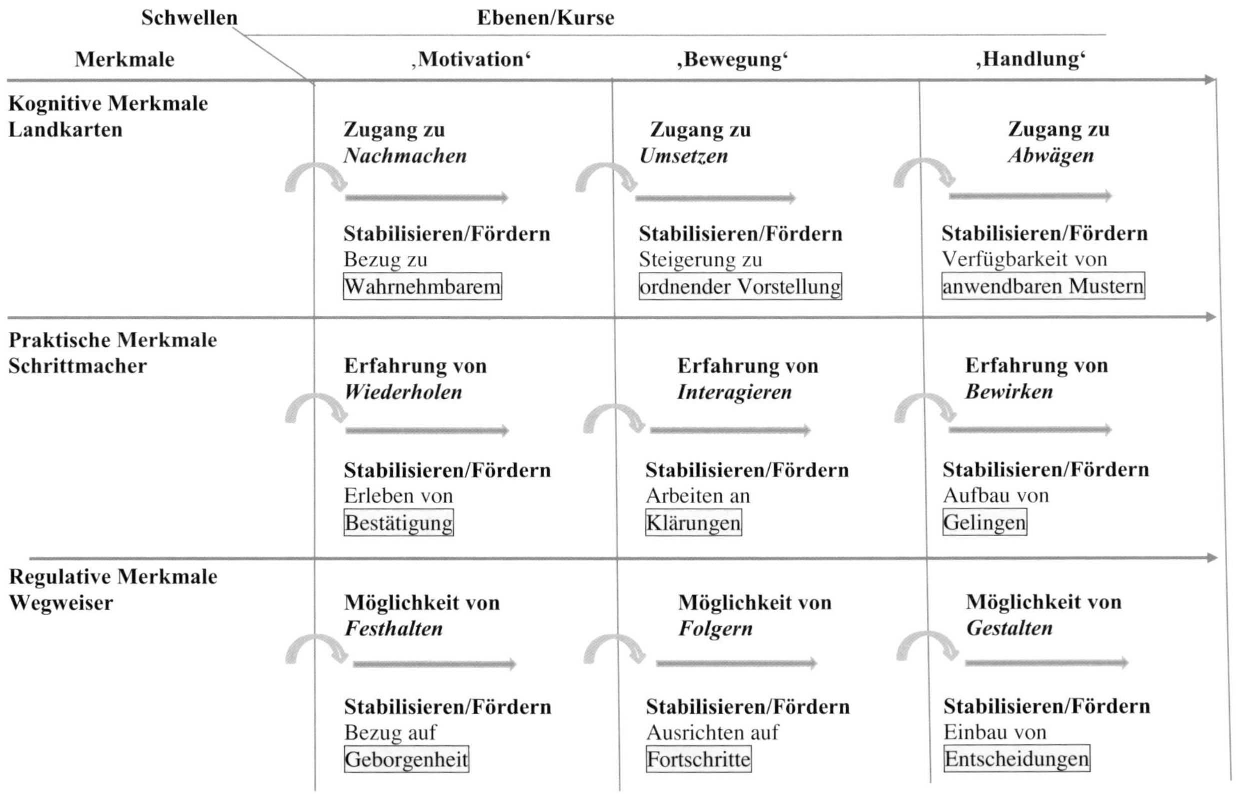

Schwellen

Ebenen/Kurse

Merkmale	‚Motivation'	‚Bewegung'	‚Handlung'
Kognitive Merkmale Landkarten	Zugang zu *Nachmachen* Stabilisieren/Fördern Bezug zu Wahrnehmbarem	Zugang zu *Umsetzen* Stabilisieren/Fördern Steigerung zu ordnender Vorstellung	Zugang zu *Abwägen* Stabilisieren/Fördern Verfügbarkeit von anwendbaren Mustern
Praktische Merkmale Schrittmacher	Erfahrung von *Wiederholen* Stabilisieren/Fördern Erleben von Bestätigung	Erfahrung von *Interagieren* Stabilisieren/Fördern Arbeiten an Klärungen	Erfahrung von *Bewirken* Stabilisieren/Fördern Aufbau von Gelingen
Regulative Merkmale Wegweiser	Möglichkeit von *Festhalten* Stabilisieren/Fördern Bezug auf Geborgenheit	Möglichkeit von *Folgern* Stabilisieren/Fördern Ausrichten auf Fortschritte	Möglichkeit von *Gestalten* Stabilisieren/Fördern Einbau von Entscheidungen

Abbildung 46: Individuelle Entwicklungsfortschritte

Schwerpunktsetzung in den Maßnahmen

Die Zuordnung von Merkmalen enthält konkrete Vorteile für die Didaktik und Methodik der entwickelten Maßnahmen. Für die Kursleitung liefert sie Stützen in Herangehensweisen und Organisationsformen mit den heterogenen Gruppen. Inhaltlich kann flexibel und unterschiedlich auf die Stärken und Schwächen der Teilnehmer reagiert werden, indem individualisierte Inhalte (z.B. alternative Bewegungsabläufe) und Variationen der Programminhalte erstellt und gezielt eingesetzt werden.

Physiologische, koordinative, kognitive, soziale und psychische Schwerpunktsetzungen in den einzelnen Programminhalten können Aufschluss über die Ausprägung der Merkmale in der jeweiligen Schwelle geben. Sie wurden in den vorgestellten Handreichungen für die Praxis (Karteikarten Anhang H) als Kategorie ‚Gewicht auf' integriert und verändern sich je nach Schwelle, bei gleichbleibenden Programminhalten.

Tabelle 19 Schwerpunktsetzungen in den Programminhalten

Physiologisch/ konditionell	Koordination	Wahrnehmung/ Kognition	Sozial	Psyche
Lockerung, Mobilisierung	Kopplungsfähigkeit	Optische Wahrnehmung	Kommunikation	Angstüberwindung
Herz-Kreislauf-Aktivierung	Differenzierungsfähigkeit	Akustische Wahrnehmung	Interaktion	Bewältigungsfähigkeit
Ausdauer	Gleichgewichtsfähigkeit	Taktile Wahrnehmung	Gruppendynamik	Kontrollüberzeugung
Beweglichkeit	Räumliche Orientierungsfähigkeit	Vestibuläre Wahrnehmung	Teamfähigkeit	Regulation von Emotionen
Kräftigung	Reaktionsfähigkeit	Eigen- u. Fremdwahrnehmung	Kooperation,	Eigenaktivität
Entspannung	Rhythmisierungsfähigkeit	Alltagsbezug	Konfliktfähigkeit	(Eigen-) Kreativität
	Umstellungsfähigkeit	Konzentrationsfähigkeit	Durchsetzungsvermögen	Affektive Eigenschaften
		Selbstwirksamkeit	Anpassungsfähigkeit	Durch Freude an gelingender Aktivität/ Erfolgserlebnisse
				Gruppenerlebnis
				Befindlichkeitsänderungen

Partiell tauchen die Schwerpunktsetzungen durchgängig auf. Je nach Schwelle verschieben sie sich im Rahmen von gleichen oder ähnlichen Inhalten und verändern damit die Ausprägung und Zusammensetzung der Merkmale auf Subjekt-, Handlungs- und Umweltebene.

8.4 Qualifizierung von Kursleitern: Schulungsprogramm

Die Fortbildung richtet sich an alle Kurs- und Gruppenleitungen in den geschützten Werkstätten und an Übungsleitungen in Vereinen, in denen spezifische betriebliche Gesundheitsförderung insgesamt oder in wesentlichen Teilen ausgebildet wird. Die spezifische betriebliche Gesundheitsförderung zielt auf a) Arbeitsplätze für Menschen mit geistigen Behinderungen sowie Arbeitsplätze in der Betreuung von Menschen mit geistigen Behinderungen, b) Gesundheitsförderung durch sportliche Aktivierung, c) Empowermentprozesse durch inkludierende Angebote für Menschen mit Behinderungen. Zielsetzung der Fortbildung ist eine gesundheitsgerechte und sportliche Förderung und Ausbildung der Fähigkeiten, mit denen Aufgaben im Arbeits- und Lebensalltag bewältigt werden können und das Zusammenwirken in Sportvereinen möglich und effektiv wird. In dem Fortbildungsangebot wird Gesundheit als Kompetenz oder Befähigung zu einer aktiven Lebensbewältigung verstanden. Dies stellt sich weder bei einzelnen Menschen noch bei Verantwortlichen selbstverständlich ein. Vonnöten sind folglich nicht nur qualifizierte Kursinhalte, sondern auch qualifizierte Durchführungen und Leitungen.

Insbesondere geht der inhaltliche Aufbau von Aufgabenstellungen des betrieblichen Gesundheitsmanagements aus, wie sie sich u.a. aus dem Arbeitsschutzgesetz ergeben. Das Humankapital ist der wichtigste Faktor für Arbeitsproduktivität und wirtschaftliches Wachstum. Die gesunde Verbesserung von Produktivität und Wirtschaftlichkeit durch Qualifizierung des Humankapitals ist immer und in jeder Konkretion sinnvoll.

Die Qualifizierung der Kurs- und Übungsleiter wird in dem komplexen Zusammenhang von praktischen Grundlagen aus entwickelt, auf die Gesundheitsförderung aufgebaut werden kann:

- Vermittlung von Bewegung und Freude an der Bewegung;

- Aufnehmen von Anregungen und mögliche Bewältigung von Anforderungen;

- Förderung von Lernprozessen zum Ausbau physischer, geistiger, sozialer Fähigkeiten;

- Zunahme von Selbständigkeit beim Einsatz erworbener Fähigkeiten.

Der inhaltliche Aufbau ist anschlussfähig an Bemühungen um eine zertifizierte Fachkraft für betriebliche Gesundheitsförderung (z.B. der IHK oder als Fernstudium) und versucht, die Verbindung zwischen Qualifizierungsanstrengungen der Sportvereine, Verbände, der Betriebe, der Krankenkassen und der Einrichtungen für Menschen mit Behinderungen zu stärken.

Die Fortbildung ist modular aufgebaut, so dass die einzelnen Lernprozesse sowohl nach inhaltlich zusammengehörenden Bestandteilen als auch nach innerbetrieblichen oder vereinsinternen Bedingungen flexibel organisiert werden können. Die modulare Struktur berücksichtigt auch, dass bestimmte Module in verschiedenem Zuschnitt für die C- wie für die B-Lizenz- Fortbildung sowie für den Reha-Sport genutzt werden können.

Der Umfang beträgt insgesamt max. 60 Lerneinheiten (LE). Die Ausbildung verteilt sich auf einen Zeitraum von 2-6 Monaten (v.a. Wochenend-Kurse von ca. 15 LE). Eine LE entspricht einer Seminarstunde von 45 Minuten. Das Schulungskonzept ist in 4 Module untergliedert, die im Handbuch näher beschrieben sind:

- Modul 1 (10 LE):   Auffrischung der bisherigen Ausbildung und der Grundlagen des Gesundheitssports.

- Modul 2 (10 LE):   Sportliche Aktivierung und Inklusion

- Modul 3 (20 LE):   Kurskonzeption im Schwellenmodell

- Modul 4 (20 LE):   Sport in der betrieblichen Gesundheitsförderung.

8.5 Leitlinien der betrieblichen Gesundheitsförderung in WfbM

Unter „Gesundheit" versteht die Weltgesundheitsorganisation ein körperliches, geistiges und soziales Wohlbefinden. Da der Mensch ein soziales Wesen ist, das zusammmen lebt und darin seine Stärken entfaltet, wird von „Public Health" gesprochen und auf Wechselwirkungen von körperlichen, geistigen und sozialen Aspekten orientiert. In diesen Wechselwirkungen geht es sowohl um den Schutz der Gesundheit als auch um die Förderung der Gesundheit (vgl. Kap.6.3).

- • Der Schutz geht von den vorhandenen, vor allem natürlichen Bedingungen und Zuständen aus und sorgt sich um deren Erhalt. Diese Sorge umfasst auch präventive Maßnahmen gegen mögliche Gefährdungen und bekannte Gefahren. Der Schutz ist im Grunde pathologisch ausgerichtet, wendet sich gegen drohende Schädigungen.

- Die Förderung hat die Entwicklung menschlicher Fähigkeiten und den Aufbau unterstützender Umwelten im Blick. Diese Sorge ist salutogenetisch ausgerichtet, orientiert auf einen eigenen Weg zur Gesundheit, die etwas anderes darstellt als die Abwesenheit von Krankheit.

In die Konzeptionen von betrieblicher Gesundheitsförderung und betrieblichem Gesundheitsmanagement gehen beide Aspekte der Sorge um Gesundheit ein. Hierzu dürfen sowohl traditioneller Arbeitsschutz und herkömmliche Gesundheitssicherung, als auch moderne Arbeitsgestaltung und Gesundheitsförderung nicht gegeneinander ausgespielt, sondern integriert werden.

Eine solche umfassende betriebliche Gesundheitsförderung wird durch fach- und berufsübergreifenden Zusammenarbeit gestärkt und sollte:

- die gesamte Belegschaft einbeziehen (Partizipation)

- bei allen wichtigen Entscheidungen und Bereichen berücksichtigt werden (Integration),

- geplant, systematisch durchgeführt und evaluiert werden (Projektmanagement),

- komplex und nachhaltig konzipiert und mit einem langen Atem (als Daueraufgabe) angegangen werden.

Vor allem sollte betriebliche Gesundheitsförderung praktisch sein, also die jeweiligen Bedingungen der Werkstatt berücksichtigen, die Beschäftigten und die Leitungen überzeugen, politische Unterstützung organisieren und die wirtschaftlichen Bedingungen nicht ignorieren.

In der Konzeption von Maßnahmen geht es vor allem um Komplexität und Zeit. **Komplexe Wirkungszusammenhänge** sind sowohl in dem Schutz vor Gefährdungen der Gesundheit als auch in den Maßnahmen zur Förderung der Gesundheit zu finden. Gefährdungen können in Betrieben oder in den eigenen vier Wänden verursacht werden. Rückenerkrankungen beispielsweise werden sowohl durch Heben schwerer Lasten oder statische Haltearbeit im Betrieb verursacht, als auch durch Gartenarbeit oder dauerndes Computerspielen. Ähnlich ist es mit Augenerkrankungen durch Bildschirme im Betrieb oder vor dem Sofa, mit Lungenerkrankungen durch Schadstoffe oder Rauchen, mit Klebestoffen in der Schreinerei oder in Möbelstücken etc. Vor allem aber treten solche gesundheitlichen Belastungen niemals isoliert auf, sondern kumulieren und schaukeln sich hoch. Viele Grenzwerte erfassen jedoch nur einzelne Gefährdungen. Daher sind Schutzmaßnahmen in den Wirkungszusammenhängen oftmals nicht leicht zu bestimmen und effektiv einzusetzen.

Zeitliche Spannen werden leicht unterschätzt. Was unmittelbar bemerkt wird, etwa an Kälte, Hitze, Geruch etc. ist noch relativ einfach und unmittelbar einzuschätzen und zu bearbeiten. Aber dem Lehrling wird nicht unmittelbar einleuchten, dass seine Art des Tragens, z.b. von Paketen, in etwa 20 Jahren zu schlimmen Rückenschmerzen führen kann. Die Latenzzeit von Asbesterkrankungen z.B. beträgt bis 30 Jahre, d.h. die heute festgestellte Krebserkrankung, Asbestose, geht auf eine Tätigkeit zurück, in der vor dreißig Jahren Asbestfasern eingeatmet wurden. Es leuchtet ein, dass präventive und gesundheitsfördernde Anstrengungen über solche Zeitspannen nicht leicht zu konkretisieren und durchzusetzen sind. Vor allem stehen die kurzfristigen Intervalle entgegen, in denen Betriebe wirtschaftlich bilanzieren und planen, bzw. in denen Politiker ihre Verantwortlichkeit begreifen. Besonders bei psychischen Belastungen sind komplexe Wirkungszusammenhänge und zeitliche Spannen schwierig zu analysieren. Und Gesundheitsförderung hat es dann nicht leicht, unscharfe Zusammenhänge aufzugreifen und entfernte Ziele zu propagieren.

Alle Betriebe, vor allem aber die Werkstätten für Menschen mit Behinderungen sind besondere Bereiche. Alle Betriebe sind Einrichtungen, in denen Menschen zu bestimmten Zwecken zusammenwirken. Sofern es sich um wirtschaftliche Unternehmen handelt, geht es immer um Kosten und Nutzen, um Produktivität und Profit. Diese Zwecksetzung ist in WfbM modifiziert, insofern es sich um Einrichtungen handelt, die besonders unterstützt werden sollen. Die Gesellschaft hat sich darauf verständigt, die Menschen mit (vornehmlich geistiger) Behinderung in das Arbeitsleben einzugliedern oder deren Eingliederung zu unterstützen. Und sie hat etwas davon: die solidarische Hilfe wird sinnvoll organisiert und der produktive Beitrag der Menschen mit Behinderungen wird erhöht. Kern dieser gesellschaftlichen Strategie ist die mögliche Entwicklung der Menschen mit Behinderungen.

Hierzu gibt es eine Reihe von gesetzlich festgeschriebenen Regelungen. Das SGB IX handelt von Rehabilitation und Teilhabe behinderter Menschen. Gefordert wird eine „angemessene berufliche Bildung". Die Leistungs- oder Erwerbsfähigkeit der dort beschäftigten Menschen soll erhalten, entwickelt, erhöht oder wiedergewonnen werden, wobei gleichzeitig auch deren Persönlichkeitsentwicklung ermöglicht werden soll. Die Orientierung auf den allgemeinen Arbeitsmarkt soll auch durch Maßnahmen der Gesundheitsförderung und des Gesundheitsschutzes gefördert werden.

Sportliche Angebote sind in der Logik der Arbeitsförderung nicht unmittelbar, sondern vor allem als ergänzende Hilfen vorgesehen. In der Gesetzgebung und der praktischen Auslegung besteht hier sicherlich noch Handlungsbedarf.

Gesetzlich verankert sind auch die Förderungsansätze, wie sie im Arbeitsschutzgesetz von 1996 festgehalten sind. Beschäftigte im Sinne dieses Gesetzes sind auch die in Werkstätten für Behinderte Beschäftigten. Der Arbeitgeber ist demnach verpflichtet, die erforderlichen Maßnahmen des Arbeitsschutzes unter Berücksichtigung der Umstände zu treffen, die Sicherheit und Gesundheit der Beschäftigten bei der Arbeit beeinflussen. Er hat die Maßnahmen auf ihre Wirksamkeit zu überprüfen und erforderlichenfalls sich ändernden Gegebenheiten anzupassen. Dabei hat er eine Verbesserung von Sicherheit und Gesundheitsschutz der Beschäftigten anzustreben und spezielle Gefahren für besonders schutzbedürftige Beschäftigtengruppen zu berücksichtigen;

Eine zentrale Bedeutung erhält der Gedanke der betrieblichen Prävention nach § 84 Abs. 2 SGB IX. Im Rahmen eines betrieblichen Eingliederungsmanagement sollen möglichst frühzeitig präventive Maßnahmen zur Teilhabe am Arbeitsleben eingeleitet werden, die die Arbeits- und Beschäftigungsfähigkeit (wieder-)herstellen, erhalten, verbessern bzw. fördern.

In der Ottawa-Charta wurde betriebliche Gesundheitsförderung mit salutogenetischer Begründung in die strategische Grundlage der WHO eingefügt. Demnach geht es um:

a) Steigerung und langfristigen Erhalt der Leistungsfähigkeit aller Beschäftigten; Erhöhung der Motivation und Leistungsbereitschaft; Stärkung der Identifikation mit dem Unternehmen und der Region;

b) Steigerung der Produktivität und Wirtschaftlichkeit; Kostensenkung durch weniger Krankheits- und Produktionsausfälle; innovativer und attraktiver Standort.

In der betrieblichen Gesundheitsförderung gibt es eine besondere Verantwortlichkeit. Diese ist nicht ‚bottom up' strukturiert und kann nicht einfach den Beschäftigten aufgeladen werden. Denn in Betrieben, Unternehmen oder Werkstätten bestehen Strukturen des Besitzes, der Macht und des Einflusses, die ‚top down' verlaufen, so dass die Verantwortlichkeit bei der jeweiligen Leitung liegt. Diese Strukturen finden sich auch im Arbeitsschutzgesetz wieder und begründen die besondere Verantwortlichkeit des Unternehmers. Diese Verantwortlichkeit wird delegiert und liegt auch bei den Leitungsebenen in Werkstätten. In sportlicher Aktivierung betrifft diese Verantwortlichkeit ebenfalls die Kursleitungen.

Diese Verantwortlichkeit ist nicht formal. Sie besteht vielmehr in den sozialen Beziehungen zu den Teilnehmer*innen, in der Planung der Kurseinheiten, in der Ansprache, in dem eigenen Mittun, in der Kommunikation mit allen Beteiligten. Wie eingangs erläutert, haben wir die Erfahrung gemacht, dass diese Verantwortlichkeit nicht durch eine Assistenz ausgefüllt werden kann. Wir gehen vielmehr davon aus, dass sie eine stellvertretende Logik haben muss, die sich der permanenten kritischen Reflexion und den kompetenten Fragen stellen muss.

Der Bezug auf den gesellschaftlichen Kontext ist unerlässlich; er erfasst sowohl materielle Bedingungen als auch gefestigte Übereinkünfte, die jeweils nicht ignoriert werden sollten, sondern in die Entwicklungs- und Lernprozesse eingehen müssen. Die Beziehungen auf diesen Kontext legen Verantwortlichkeiten nahe, die von den Menschen mit geistigen Behinderungen meist nicht wahrgenommen werden können und die daher Strategien der Vormundschaft bevorzugen. Solche Strategien sind nicht unbegründet, sie sind aber weder reizvoll noch langfristig förderlich. Andererseits hat inklusive Förderung immer mit Zielsetzungen und mit Vorstellungen von Humanität und Selbstbestimmung zu tun, die jedem zugesprochen werden sollen. Auch diese Beziehungen sind begründet. Diktieren sie jedoch die Praxis der Förderung verfolgen sie etwas, was noch nicht ist, ohne zu wissen, wie dahin zu kommen ist. Die Position des Stellvertreters ist in der Lage, die subjektiven Ansprüche und auch die gesellschaftlichen Implikationen gleicherweise aufzugreifen und nicht für den Stellvertreter, sondern für denjenigen, dessen Stelle man vertritt zu überlegen, zu beurteilen und zu fördern.

Folgendes Schaubild veranschaulicht diese Verantwortlichkeit der Kursleitung:

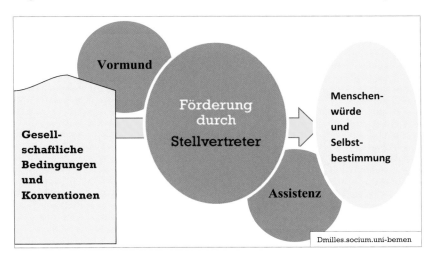

Abbildung 47: Bedeutung der Kursleitung zwischen Konvention und Selbstbestimmung

Zusammenfassend schlagen wir vor, folgende Leitlinien zu befolgen:

Leitlinien

- Die sportliche Aktivierung soll dort stattfinden, wo der Weg in die Arbeitsgesellschaft angeboten wird. Es geht um Betriebliche Gesundheitsförderung in Werkstätten für Menschen mit geistigen Behinderungen (Setting-Ansatz).

- Das Konzept geht davon aus, dass Bewegung, Spiel und Sport besonders nützlich sind für Lernprozesse und Entwicklung von Fähigkeiten (Ressourcengewinn).

- Spezifische sportliche Aktivierung nimmt die Freude an Bewegung als grundsätzliche Motivation und verbindet sie mit schrittweisem Erleben von Fortschritten und Aufbau von Selbstwert (Empowerment).

- Bewegung, Spiel und Sport sind elementare Bestandteile einer allgemeinen Gesundheitsförderung (physisches, psychisches, soziales Wohlbefinden) und Verbesserung der Lebensqualität (Salutogenese).

9. ANHANG

9.1 Materialien

Erhebungsinstrument für die Bestandsaufnahme bestehender Bewegungs- und Sport-
angebote in den Betriebsstätten

Beobachtungsbogen Projekt „Martinshof"

Datum: __ Ort: __ Kurs: ___ KL: _____TN: ____ BeobachterIn: ____

Zeit	Aufgabe / Übung	Bewertung der Abläufe ○ ○ ○ ○	Sonstige Bemerkungen

Bewertung der Abläufe:

Beispielhaft ○   Nützlich ○   Schwierig ○   Nicht zweckmäßig ○

Allgemeine Bewertung des Kurses:

1. Allgemeine Bewertung der Aktivierung:

1.1 Motorisch:	aktiv	O	O	O	O	O passiv
1.2 Sozial	unterstützend	O	O	O	O	O egoistisch
1.3 Psychisch:	angeregt	O	O	O	O	O träge

2. Wirkung auf Teilnehmer

21 Motivation	stark	ausgeprägt	vorhanden	schwach	kaum
21.1 Neugierig, eigenaktiv	O	O	O	O	O
21.2 Nach Anstoß durch KL aktiv	O	O	O	O	O
21.3 Abweisend	O	O	O	O	O

22 Bewegungssicherheit:	bestimmend	häufig	rudimentär	wenig	gar nicht
22.1 Selbst Gefährdung	O	O	O	O	O
22.2 Rücksicht auf Andere	O	O	O	O	O
22.3 Wiederholung	O	O	O	O	O

23 Handlungssicherheit:	bestimmend	häufig	rudimentär	wenig	gar nicht
23.1 Zweckmäßig	O	O	O	O	O
23.2 Regelkonform	O	O	O	O	O
23.3 Zielgerichtet	O	O	O	O	O

24 Zusammenwirken	immer	häufig	vorhanden	wenig	gar nicht
24.1 Auf sich bezogen	O	O	O	O	O
24.2 Auf Miteinander bezogen	O	O	O	O	O
24.3 Konflikte untereinander	O	O	O	O	O
24.4 Konflikt mit KL	O	O	O	O	O

25 (Wohl-) Befinden	durchgehend	häufig	vorhanden	etwas	gar nicht
25.1 Spaß/Freude/spielerisch	O	O	O	O	O
25.2 Unlust/gereizt	O	O	O	O	O
25.3 Angestrengt/erschöpft	O	O	O	O	O

3. Impulse durch Kursleiter

31 Ansprache	wirkungsvoll	adäquat	unauffällig	störend	unangemessen
31.1 Lautstärke	O	O	O	O	O
31.3 Sachlichkeit	O	O	O	O	O
31.5 Leichte Sprache	O	O	O	O	O

32 Methode					
32.1 Motorisch (lässt lernen, üben, spielen)	O	O	O	O	O
32.2 Kognitiv (verdeutlicht, macht vor, korrigiert)	O	O	O	O	O
32.3 Motivational/emotional (Lob, macht mit)	O	O	O	O	O
32.4 Sozial (Unterstützung Miteinander)	O	O	O	O	O

33 Aufgabenstellung					
33.1 Geschlossen	O	O	O	O	O
33.2 Offen	O	O	O	O	O
33.3 Bekannt	O	O	O	O	O
33.4 Unbekannt	O	O	O	O	O
33.5 Einfach	O	O	O	O	O
33.6 Schwierig	O	O	O	O	O

34 Vorgehen					
34.1 Ermahnt von außen	O	O	O	O	O
34.2 Greift ein, unterbricht	O	O	O	O	O
34.3 Erklärt, schlichtet	O	O	O	O	O
34.4 Vereinbart, wiederholt Regeln	O	O	O	O	O
34.5 Droht Strafe an (z. B. Ausschluss)	O	O	O	O	O
34.6 Spricht Strafe aus	O	O	O	O	O

9.2 Literatur

Achtziger, A.; Gollwitzer, P.: Rubikonmodell der Handlungsphasen. - In V. Brandstätter (Hrsg.): Handbuch der Allgemeinen Psychologie. Motivation und Emotion.- Göttingen: Hogrefe, 2009, S. 150 – 156

Adorno, Theodor W. (Hrsg.): Der Positivismusstreit in der deutschen Soziologie.- Neuwied: Luchterhand, 1969

Adorno, Theodor W.: Résumé über Kulturindustrie.- In: Pias, Claus u.a. (Hrsg.): Kursbuch Medienkultur – Die maßgeblichen Theorien von Brecht bis Baudrillard.- Stuttgart: DVA, 4. Aufl. 2002, S. 202-208

Anstötz, Christoph: Grundriß der Geistigbehindertenpädagogik. Berlin: Marhold, 1987

Antonovsky, Aaron: Salutogenese. Zur Entmystifitierung der Gesundheit. Tübingen: dgvt-Verl., 1997

Aselmeier, L.: Community Care und Menschen mit geistiger Behinderung. Gemeinwesenorientierte Unterstützung in England, Schweden und Deutschland.- Wiesbaden: VS-Verl., 2008

Bauer, J.: Prinzip Menschlichkeit. Warum wir von Natur aus kooperieren. München: Heyne, 2006

Beck, Jochen; Bös, Klaus: Normwerte motorischer Leistungsfähigkeit.- Köln: Strauß, 1995

Behindertenrechtskonvention der Vereinten Nationen (UN.BRK). (2006). Verfügbar unter: http://www.un.org/Depts/german/uebereinkommen/ar61106-dbgbl.pdf

Blasius, Dirk: Der verwaltete Wahnsinn.- Frankfurt a.M.: S. Fischer, 1979

Bloom, B. S.: Taxonomie von Lernzielen im kognitiven Bereich.- 5. Aufl., Weinheim und Basel: Beltz, 1976

Blumenberg, Hans: Beschreibung des Menschen.- Frankfurt/M.: Suhrkamp, 2006

Böhme, Hartmut: Vom Cultus zur Kultur(wissenschaft). Zur historischen Semantik des Kulturbegriffs.- In: Renate Glaser/Matthias Luserke (Hrsg.): Literaturwissenschaft – Kulturwissenschaft. Positionen, Themen, Perspektiven, Opladen: 1996, S. 48-68.

Böhnke, Petra: Armut und soziale Ausgrenzung im europäischen Kontext. Politische Ziele, Konzepte und vergleichende empirische Analysen.- In: Aus Politik und Zeitgeschichte B 29-30/2002, S. 29-38.

Bohnsack, Ralf: Rekonstruktive Sozialforschung.- Opladen: Leske + Budrich, 5. Aufl. 2003

Bortz, Jürgen, Döring, Nicola: Forschungsmethoden und Evaluation für Human- und Sozialwissenschaftler.- Berlin Heidelberg: Springer-Verl., 2009

Bös, Klaus (Hrsg.): Handbuch motorischer Tests.- Göttingen: Hogrefe, 2001

Bös, Klaus et al.: Motorik-Modul: Eine Studie zur motorischen Leistungsfähigkeit und körperlich-sportlichen Aktivität von Kindern und Jugendlichen in Deutschland. Baden-Baden: NomosVerlag, 2009

Bös, Klaus; Brehm, Walter (Hrsg.): Gesundheitssport – Ein Handbuch.- Schorndorf: Hofmann, 2006

Bös, Klaus; Wydra, G.; Karisch, G.: Gesundheitsförderung durch Bewegung, Spiel und Sport. Ziele und Methoden des Gesundheitssports in der Klinik.- Erlangen: Perimed, 1992

Brehm, Walter: Gesundheitsförderung durch sportliche Aktivierung.- Projektbericht. 3 Bände, Bayreuth und Bielefeld: IDIS, 1994

Castel, Robert: Die Metamorphosen der sozialen Frage. Eine Chronik der Lohnarbeit. Konstanz: UVK Verlagsgesellschaft, 2008.

Dadaczynski, Kevin; Paulus, Peter: Gesundheitsförderung und Schule.- In: BzgA (Hrsg.). Leitbegriffe der Gesundheitsförderung (2015).- Unter: http://www.leitbegriffe.bzga.de/alphabetisches-verzeichnis/gesundheitsfoerderung-und-schule/

Dederich, M.: Exklusion.- In: Dederich, Markus; Beck, Iris; Antor, Georg; Bleidick, Ulrich (Hrsg.): Inklusion statt Integration? Heilpädagogik als Kulturtechnik. Psychosozial, Gießen 2006, S.11-27

Dederich, Markus: Ethische Aspekte der Inklusion.- 2013 Unter: http://www.inklusion-lexikon.de/Ethik_Dederich.pdf

DIMDI (Deutsches Institut für Medizinische Dokumentation und Information (2005). Interna-tionale Klassifikation der Funktionsfähigkeit, Behinderung und Gesundheit. Köln: DIMDI. Zugriff am 21.03.2011 unter URL: http://www.dimdi.de/dynamic/de/klassi/ downloadcenter/icf/endfassung/icf_endfassung-2005-10-01.pdf

Doose, S.: Unterstützung, Beschäftigung: Berufliche Integration auf lange Sicht. Theorie, Methodik und Nachhaltigkeit der Unterstützung von Menschen mit Lernschwierigkeiten auf dem allgemeinen Arbeitsmarkt. Eine Erlebnis-und Verlaufsstudie.- Marburg: Lebenshilfe-Verl., 2012

Dörner, Klaus: Tödliches Mitleid. Zur Frage der Unerträglichkeit des Lebens oder: die Soziale Frage: Entstehung – Medizinisierung – NS-Endlösung – heute – morgen.- 3. Aufl., Gütersloh: Verl. Jakob von Hoddis, 1993

Dowse, L.: Some people are never going to be able to do that. Challenges for people with intellectual disability in the 21st century.- In: Disability &Society 5, 2009, pp. 571-584

Escalera, Carlos: Menschen mit Behinderung – Auftraggeber oder Dialogpartner?- 8. Alsterdorfer Fachforum am 11.09.2003. Unter: http://www.beratungszentrum-alsterdorf.de/fileadmin/abz/data/Menu/Fachdiskussion/Alsterdorfer_Fachforum/MenschenmitBehinderung_3_.pdf

Faltermaier, Toni: Gesundheitsbewußtsein und Gesundheitshandeln.- Weinheim: Beltz, 1994

Fend, Helmut: Entwicklungspsychologie des Jugendalters. Ein Lehrbuch für pädagogische und psychologische Berufe. Opladen: Leske + Budrich, 2000

Feuser, Georg: 25 Jahre Integrations-/Inklusionsforschung: Rückblick – Ausblick. Eine kurze, kritische Analyse.- Bremen 2011. Unter: http://www.georg-feuser.com/conpresso/_data/Feuser_-_25_Jahre_Integrationsforschung_-_eine_kurze_kritische_Analyse_02_2011.pdf

Flick, Uwe: Qualitative Sozialforschung. - Reinbek bei Hamburg: Rowohlt, 2002 (6. Auflage)

Flick, Uwe: Triangulation. Eine Einführung.- Wiesbaden: VS Verlag, 2004

Friedrich, Georg (Hrsg.): Sportpädagogische Forschung. Konzepte – Ergebnisse – Perspektiven. Jahrestagung der dvs-Sektion Sportpädagogik vom 14. - 16. Juni 2001 in Münster.- Hamburg: Czwalina, 2002

Fuchs, Reinhard: Sport, Gesundheit und Public Health.- Göttingen: Hogrefe, 2003

Gaedt, Christian: Normalisierung : Anmaßung - Anpassung - Verweigerung; Aufsätze und Vorträge.- Sickte: Neuerkeröder Anstalten, 1987

GKV-Spitzenverband: Leitfaden Prävention2. korrigierte Fassung vom 10. November 2010. Berlin.- Verfügbar unter: http://www.gkvspitzenverband.de/media/dokumente/presse/publikationen/GKV_Leitfaden_ Praevention_RZ_web4_2011_15702.pdf

Gladden: Natasha: Sportliche Aktivierung und gute Arbeit für Menschen mit geistiger Behinderung. Welche Effekte hat spezifische sportliche Aktivierung für gute Arbeit in Werkstätten für behinderte Menschen?- BA Univ. Bremen 2016

Glaser, Barney/Strauss, Anselm L.: The discovery of grounded theory.- Chicago: Aldine, 1967

Goffman, Erving: The Presentation of Self in Everyday Life.- Harmondsworth: Penguin Books, 1969

Goffman, Erving: Verhalten in sozialen Situationen. Strukturen und Regeln der Interaktion im öffentlichen Raum.- Gütersloh: Bertelsmann, 1971

Hackfort, Dieter, Munzert, J. & Seiler, R.: Handlungstheoretische Perspektiven für die Ausarbeitung eines handlungspsychologischen Ansatzes.- In: D. Hackfort, J. Munzert, R. Seiler (Hrsg.): Handeln im Sport als handlungspsychologisches Modell.- Heidelberg: Asanger, 2000, S.31-46

Hagedorn, Günter: Spielen.- Reinbek bei Hamburg: Rowohlt, 1987

Hähner, U.: Von der Verwahrung über die Förderung zur Selbstbestimmung. Fragmente zur geschichtlichen Entwicklung der Arbeit mit „geistig behinderten Menschen" seit 1945.- In: Bundesvereinigung Lebenshilfe für Menschen mit geistiger Behinderung (Hrsg.): Vom Betreuer zum Begleiter.- Marburg 1997, S. 25-51

Heckhausen, Heinz; Gollwitzer, P. M.: Thought contents and cognitive functioning in motivational versus volitional states of mind.- In: Motivation and Emotion, 11, 1987, pp.101-120

Heckhausen, Heinz: Motivation und Handeln.- Berlin und Heidelberg: Springer, 1989

Hildebrandt, Reiner: Lebensweltbezug - Leitmotiv für eine Neuorientierung der Bewegungserziehung in der Grundschule.- In: Sportwissenschaft 23 (1993), 3, S. 259-275

Hirschberg, M.: Behinderung im internationalen Diskurs. Die flexible Klassifizierung der Weltgesundheitsorganisation.- Frankfurt/New York: Campus Verl., 2009

Huizinga, Johan: Homo Ludens. Vom Ursprung der Kultur im Spiel.- Reinbek b. Hamburg: Rowohlt, 1956, 2009

Hunger, I.: Handlungsorientierungen im Alltag der Bewegungserziehung. Eine qualitative Studie.- Schorndorf: Hofmann, 2000

Hurrelmann, Klaus; Klotz, T.; Haisch, J.: Lehrbuch Prävention und Gesundheitsförderung.- Bern: Huber, 2010

Jantzen, Wolfgang: Interview.- In: Heilpädagogik online 04/03, 82 - 103

Kapustin, Peter: Integration/Inclusion in and with Sport for All - Families, Politics, Management and Citizens in Responsibility.- In: Journal of Sports Science 4 (2016) S.32-38

Klauß, Theo (2010): Inklusive Bildung: Vom Recht aller, alles Wichtige über die Welt zu erfahren.- In: Behindertenpädagogik (49) Heft 4. 341-374.

Köppe, G.; Schmidt, J.: Vorbildlich und offen handeln – Die Vorbildfunktion unter dem Aspekt der Perspektivenübernahme.- In G. Köppe & D. Kuhlmann (Hrsg.): Als Vorbild im Sport unterrichten.- Hamburg: Czwalina, 1997, S.67-78

Kron, F.-W.: Grundwissen Pädagogik.- 7. Aufl. München, Basel: Reinhardt, 2009

Lazarus, Richard; Launier, R.: Streßbezogene Transaktionen zwischen Person und Umwelt.- In: Nitsch, Jürgen (Hrsg.): Stress. Theorien, Untersuchungen, Maßnahmen.- Bern: Hans Huber, 1981, S.213-259

Lehmkuhl, Karen: Wirksamkeit der Gesundheitsförderung in Werkstätten für Behinderte. Nachweis von Effekten sportlicher Aktivierung.- MA PH Univ. Bremen 2016

Lorenz, R.-F.: Salutogenese. Grundwissen für Psychologen, Mediziner, Gesundheits- und Pflegewissenschaftler.- München, Basel: Reinhardt, 2004

Luhmann, Niklas: Das Kind als Medium der Erziehung.- Frankfurt/M.: Suhrkamp, 2006 (Zeitschrift für Pädagogik 37, 1991, S.19-40

Lutz, Petra; Macho, Thomas; Staupe; Gisela; Zirden, Heike (Hrsg.): Der (im-) perfekte Mensch. Metamorphosen von Normalität und Abweichung.- Wien, Köln, Weimar: Böhlau Verl., 2003 (Schriftenreihe des Dt. Hygiene Museums Band 2)

Markowetz, Reinhard: Inklusion – Neuer Begriff, neues Konzept, neue Hoffnungen für die Selbstbestimmung und Partizipation von Menschen mit Behinderung.- In: Kaiser, H.; Kocnik, E.; Sigot, M. (Hrsg.): Vom Objekt zum Subjekt. Inklusive Pädagogik und Selbstbestimmung. Klagenfurt: Hermagoras-Mohorjeva Verlag, 2005, S.17-66

Maschke, M.: Behindertenpolitik in der Europäischen Union. Lebenssituation behinderter Menschen und nationale Behindertenpolitik in 15 Mitgliedstaaten.- Wiesbaden: VS-Verl., 2008

Mayring, Philipp: Kombination und Integration qualitativer und quantitativer Analyse.- In: Forum Qualitative Sozialforschung/Forum: Qualitative Social Research (Online Journal), 2(1) 2001

Mayring, Philipp: Qualitative Analyseansätze in der Lehr-Lern-Forschung. In K. Spreckelsen, K. Möller & A. Hartinger (Hrsg.), Ansätze und Methoden empirischer Forschung zum Sachunterricht.- Bad Heilbrunn: Klinkhardt, 2002, S.59-70

Meseck, Ulrich; Milles, Dietrich: Ressourcengewinn durch spezifisch fördernde Bewegung bei Menschen mit geistiger Behinderung – Evaluation der Gesundheitsförderung in Werkstätten. In: Fachausschuss Wissenschaft, Special Olympics Deutschland e. V. (Hrsg.): Inklusion in Bewegung: Menschen mit und ohne Behinderung im Sport.- Berlin: Sport Thieme GmbH, 2014, S. 145-158

Meseck, Ulrich; Milles Dietrich: Spezifische sportliche Aktivierung von Menschen mit geistiger Behinderung. In: Milles, Dietrich; Meseck, Ulrich (Hrsg.): Inklusion und Empowerment. Wirkungen sportlicher Aktivität für Menschen mit geistiger Behinderung.- Kiel 2011, S. 36-49

Meseck, Ulrich; Wiese, Joanna: Ressourcenentwicklung durch sportliche Aktivierung als Ziel der betrieblichen Gesundheitsförderung in Werkstätten für Menschen mit geistiger Behinderung.- In: Schulke, Hans-Jürgen; Hebbel-Seeger, Horky (Hrsg.): Sport und Inklusion - ziemlich beste Freunde?- Aachen: Meyer, 2014, S.65-77

Meseck, Ulrich; Wiese, Joanna, Milles Dietrich: Die Sportliche Werkstatt. Leitfaden für ein aktivierendes und gesundes Bewegungs- und Sportangebot im Arbeitsalltag von Werkstätten. Special Olympics Deutschland e. V. Berlin 2015.

Meyer-Abich, Klaus Michael: Was es bedeutet, gesund zu sein. Philosophie der Medizin.- München: C.Hanser, 2010

Milles, Dietrich: Gesundheit und Wirtschaftlichkeit. Begründungen für Inklusion und Gesundheitsförderung.- In: Schulke, Hans-Jürgen; Hebbel-Seeger, Horky (Hrsg.): Sport und Inklusion - ziemlich beste Freunde?- Aachen: Meyer, 2014, S.46-57

Milles, Dietrich; Kerkhoff, Antonius H. (Hrsg.): Gesellschaft und Gesundheit. Historische Texte zu Konzeptionen und Entwicklungen der modernen Public Health.- Bremerhaven: Wirtschaftsverl., 2010

Milles, Dietrich; Meseck, Ulrich (Hrsg.): Inklusion und Empowerment. Wirkungen sportlicher Aktivität für Menschen mit geistiger Behinderung.- Kiel 2011

Milles, Dietrich; Meseck, Ulrich: Konzeptionelle Überlegungen zu Bewegung, Training und Entwicklung.- In: Wegner, Manfred; Schulke, Hans-Jürgen (Hrsg.): Ressourcen und Kompetenzen von Menschen mit geistiger Behinderung.- Kiel 2009

Mühl, Heinz: Einführung in die Geistigbehindertenpädagogik.- Stuttgart u.a., 1991

Nida-Rümelin, J.: Philosophie einer humanen Bildung.- Hamburg: edition Körber-Stiftung, 2013

Nitsch, Jürgen R. (1997). Situative Handlungsorganisation.- In: Ilt, H. (Hrsg.): Gesundheitsförderung, Konzepte, Erfahrungen, Ergebnisse aus sportpsychologischer und sport-pädagogischer Sicht.- Köln: bps., 1997, S.351-363

Oevermann, Ulrich; Allert, T.; Konau, E.; Krambeck, J.: Die Methodologie einer 'objektiven Hermeneutik' und ihre allgemeine forschungslogische Bedeutung in den Sozialwissenschaften.- In: Soeffner, H. -G. (Hrsg.): Interpretative Verfahren in den Sozial- und Textwissenschaften.- Stuttgart: Metzler, S. 352-433

Opper, Elke; Brehm, W.; Bös, K.; Saam, J.:. Zielgruppenspezifische Intervention – Gesundheitssportprogramme (S.154-166).- In K. Bös & W. Brehm (Hrsg.): Gesundheitssport. Ein Handbuch. Schorndorf: Hofmann, 2006, S.154-166

Ort, Claus-Michael: Kulturbegriffe und Kulturtheorien.- In: Nünning, A.; Nünning, V. (Hrsg.): Konzepte der Kulturwissenschaften. Theoretische Grundlagen – Ansätze - Perspektiven.- Stuttgart/Weimar: Metzler, 2003, S.19-38

Prange, Peter (Hrsg.): Werte. Von Plato bis Pop – alles was uns verbindet.- Frankfurt/M.: Fischer, 2016

Prohl, R.: Grundriss der Sportpädagogik (3. Aufl.).- Wiebelsheim: Limpert, 2010

Pühse, U.: „Miteinander" als sportliche Sinnperspektive. Ein Plädoyer für einen erziehenden Sportunterricht.- In: U. Pühse (Hrsg.): Soziales Handeln im Sport und Sportunterricht.- Schorndorf: Hofmann, 1995, S.125-145

Rauner, Felix: Forschungen zur Kompetenzentwicklung im gewerblich-technischen Bereich.- Berlin u.a. 2008

Reichenbach, Hans: Experience and Prediction. An Analysis of the Foundations and the Structure of Knowledge.- The University of Chicago Press, 1938

Robert Koch Institut, Statistisches Bundesamt: Gesundheitsberichterstattung des Bundes. Heft 26 : Körperliche Aktivität. Berlin 2005

Roth, Gerhard: Fühlen, Denken, Handeln. Wie das Gehirn unser Verhalten steuert.- Frankfurt a. M.: Suhrkamp, 2003

Schliermann, R.; Anneken, V.; Abel, Th.; Scheuer, T.; Froböse, I.: Sport von Menschen mit Behinderungen. Grundlagen, Zielgruppen , Anwendungsfelder.- München: Urban, Fischer, 2014

Schmidt, Robert (zusammen mit Jörg Volbers): Öffentlichkeit als methodologisches Prinzip. Zur Tragweite einer praxistheoretischen Grundannahme.- In: Zeitschrift für Soziologie 40, 2011, S. 24-41

Schnell, Christiane: Der Kulturbetrieb bei Pierre Bourdieu, in: Sigrid Bekmeier-Feuerhahn, Karen van den Berg, Steffen Höhne, Rolf Keller, Birgit Mandel, Martin Tröndle und Tasos Zembylas (Hg.): Theorien für den Kultursektor. Jahrbuch für Kulturmanagement. Bielefeld: Transit, 2010, 31–40.

Schütz: Alfred: Zur Theorie sozialen Handelns.- Frankfurt/M.: Suhrkamp, 1977

Schütze, Fritz: Biographieforschung und narratives Interview.- In: Neue Praxis 13, 1983, S. 283-293

Schwalb, H.; Theunissen, G.: Inklusion, Partizipation und Empowerment in der Behindertenarbeit. Best-Practice-Beispiel: Wohnen-Leben-Arbeit-Freizeit.- 2. Aufl. Stuttgart: Kohlhammer, 2012

Schwarzer, R.; Jerusalem, M.: Das Konzept der Selbstwirksamkeit.- In: Jerusalem, M.; Hopf, D., (Hrsg.), Selbstwirksamkeit und Motivationsprozesse in Bildungsinstitutionen.- (Zeitschrift für Pädagogik, 44) Belz: Weinheim, 2002, S.28-53

Sennett, Richard: Handwerk.- Berlin: Piper, 5. Aufl. 2014

Sennett, Richard: Zusammenarbeit. Was unsere Gesellschaft zusammenhält.- München: dtv, 2. Aufl. 2015

Soeffner,H.-G.,AuslegungdesAlltags?DerAlltagderAuslegung.-Konstanz:UVK,2004

Spaemann, Robert: Philosophische Essays.- Stuttgart: Reclam, 1983

Speck, Otto: Menschen mit geistiger Behinderung und ihre Erziehung. München 5/ 1990. (S. 13-38)

Stampe, Sarah: Individuelle Entwicklung bei Menschen mit geistigen Behinderungen durch sportliche Aktivierung.- MA PH Univ. Bremen 2016

Stöppler, Reinhilde: Einführung in die Pädagogik bei geistiger Behinderung.- München: UTB, 2014

Strauss, Anselm L.:Grundlagen qualitativer Sozialforschung. München: Fink, 1994 (zuerst engl. 1987)

Strauss, Anselm; Corbin, Juliet: Shaping a New Health Care System: The Explosion of Chronic Illness as a Catalyst for Change.- New York: Jossey Bass, 1988

Theunissen Georg: Empowerment und Professionalisierung - unter besonderer Berücksichtigung der Arbeit mit Menschen, die als geistig behindert gelten.- In: Heilpädagogik online 04/2003, S.45-81

Theunissen , Georg: Empowerment und Inklusion behinderter Menschen. Eine Einführung in die Heilpädagogik und soziale Arbeit.- Freiburg: Lambertus Verl., 2.Aufl. 2009

Trautwein, U.: Schule und Selbstwert.- Münster: Waxmann Verl., 2003

Volpert, Walter: Handlungsstrukturanalyse als Beitrag zur Qualifikationsforschung.- Köln: Pahl-Rugenstein, 1983

von Harten, Matti: Gesundheitsförderliche Handlungssicherheit bei Menschen mit geistiger Behinderung durch sportliche Aktivierung in Werkstätten.- MA PH Univ. Bremen 2013

Wagner, Petra; Woll, A.; Singer, R.; Bös, K.: Körperlich-sportliche Aktivität. Definitionen, Klassifikationen und Methoden.- In Bös, K.; Brehm, W. (Hrsg.): Handbuch Gesundheitssport.- 2. Aufl. Schorndorf: Hofmann, 2006 S.58-68

Waldschmidt, Anne: Die Selbstbestimmung behinderter Menschen heute – Verheißung oder Verpflichtung?- 11.Alsterdorfer Fachforum am 23.09.2004

Waldtschmidt, Anne: Selbstbestimmung als behindertenpolitische Paradigma-Perspektive der Disability Studies.- In: Aus Politik und Zeitgeschichte (online) 2014, S 13-20

Wansing, Gudrun: Teilhabe an der Gesellschaft. Menschen mit Behinderungen zwischen Inklusion und Exklusion.- Wiesbaden: VS Verl., 2006

Weber, Max: Die „Objektivität" sozialwissenschaftlicher und sozialpolitischer Erkenntnis, in ders.: Schriften zur Wissenschaftslehre.- Stuttgart: Reclam 1991, S. 21-101

Wegner, Manfred: Inklusiver Sport. Leistungsverhalten und emotionale Kompetenz im Sport von Menschen mit geistiger Behinderung.- In: A. Hebbel-Seeger, Th. Horky, H.-J. Schulke (Hrsg.): Sport und Inklusion - ziemlich beste Freunde.- Aachen: Meyer & Meyer, 2014 (2013), S.247-262

Weinbrenner, S.; Wörtz, M.; Busse, R.: Gesundheitsförderung in Europa. Ein Länder Vergleich.- In: GGW 2/2007 (April), 7. Jg Verfügbar unter: http://www.dnbgf.de/fileadmin/texte/Downloads/uploads/dokumente/2007/2007_Weinbrenner-Woerz_BGF-International_GGW2_07_s19_s31.pdf

WHO: Internationale Klassifikation der Funktionsfähigkeit, Behinderung und Gesundheit (ICF).-Genf 2005

Wiese, Joanna: Gesundheitsförderung für Menschen mit einer geistigen Behinderung durch Bewegungsmaßnahmen und Sport. Welche gesundheitsfördernden Effekte haben Bewegungs- und Sportprogramme für MmgB?- MA Univ. Bremen 2013

Wiese, Joanna: Ressourcenentwicklung durch spezifische sportliche Aktivierung als Ziel der betrieblichen Gesundheitsförderung. Eine Evaluation in Werkstätten für behinderte Menschen.- Diss. Univ. Bremen 2016

Witt, Kea Vanessa: Betriebliche Gesundheitsförderung für Menschen mit geistiger Behinderung. Maßnahmen am Beispiel sportlicher Aktivitäten im Martinshof Bremen.- MA Bremen 2017

Wydra, Georg (1992). Bewegung, Spiel und Sport in Kur- und Rehabilitationskliniken.- In: Landesarbeitsgemeinschaft für Gesundheitserziehung Baden-Württemberg e.V. (Hrsg.): Gesund-heitsförderung in der Gemeinde - Neue Wege durch Bewegung und Sport.- Stuttgart: Landesarbeitsgemeinschaft für Gesundheitserziehung Baden-Württemberg.- 1992, S.42-51

Wydra, Georg: Das Bewegungssystem im professionellen Handlungsfeld der Physiotherapie. Diagnostik und die Bedeutung der ICF für das klinische Assessment.- Hamburger: Studienbrief Hamburger Fern-Hochschule, 2011

Wydra, Georg: Gesundheitsförderung durch sportliches Handeln. Sportpädagogische Analysen einer modernen Facette des Sports.- Schorndorf: Hofmann, 1996

Wydra, Georg: Sportpädagogik zwischen schulischer Pflicht, Gesundheitsorientierung und Erlebnishunger.- Skript zur Vorlesung Sportpädagogik, Sportwissenschaftliches Institut der Universität des Saarlandes.- Saarbrücken 2007

Zielke, Sesle: Betriebliche Gesundheitsförderung im Setting Werkstatt für behinderte Menschen. Neue Wege und Perspektiven für Werkstattbeschäftigte.- MA PH Univ. Bremen 2011